民间信仰口袋书系列

主编 徐华龙

鬼

徐华龙 ¤ 著

上海辞书出版社

总 序

一

中国人的民间信仰是多元、多样和多彩的。这与中国的民族结构有密切的关系。人类学大师费孝通先生说过：

> 中华民族……是由许许多多分散孤立存在的民族单位，经过接触、混杂、联结和融合，同时也有分裂和消亡，形成一个你来我去、我来你去，我中有你、你中有我，而又各具个性的多元统一体。[①]

纵观上下五千年的中国历史，在中华民族我中有你、你中

[①] 费孝通主编：《中华民族多元一体格局》，中央民族大学出版社 1999 年版，第 3 页。

有我的"滚雪球"过程中,中华民族从夏商周三代到秦的多元融合走向华夏一体,经历了夏、商、周、楚、越等族从部落到民族的发展过程,又经历了夏、商、周、楚、越等族及部分蛮、夷、戎、狄融合成华夏民族的历史过程。此后,从两汉到清代又经历了从民族互化到汉化成为民族融合主流的历史过程。就是在这悠悠几千年的历史过程中,及至清道光三十年(1851年),中国人口已达 4 亿以上①。进入近现代以后,中华民族这个雪球仍然不断地向前发展,到中华人民共和国建立时,其人口已逾 6 亿;经过改革开放,中国人口已发展到 13 亿之多。

涓涓细流汇成大海,就是在这个长时期的大交往、大交流、大交融的互动、磨合和整合中,中国人的民间信仰才形成多元的格局。

二

这样一来,融入中华民族的各民族或族群,在"滚雪球"

---

① 王育民:《中国人口史》,江苏人民出版社 1995 年版,第 515 页。

的过程中自然而然地又把各民族或族群的民间信仰,带入了中华民族的信仰文化之中,这又铸成了中国人民间信仰多样性的特征。民俗学家乌丙安在《中国民间信仰》一书中曾说过:

> 中国的民间信仰不仅有如天地、日月、星辰等自然体,还有风、雨、雷、电、虹、霓、云、霞、水、火、山、石等自然物和自然力,还有各种动植物等都在崇拜之列。与此同时,民间还崇拜人死后的所谓"灵"以及其遗骨、遗物、遗迹的"灵";还崇拜人们赋予很多自然物或人工物以化形的"灵"或"精";还包括崇拜幻象产生的多种职司各异的神灵;还崇拜被认为是附在活人身上的某种"灵"(或神灵、或鬼灵、或精灵);还崇拜所有人力所不及的幻想中的超自然力量;还崇拜被认为不可抗拒的一种"天命"(宿命)等等,不计其数,包罗万象。①

---

① 乌丙安:《中国民间信仰》,上海人民出版社1965年版,第4—5页。

　　中国民间信仰的多样还表现在鬼灵的多样上。如蒙古族民间所崇拜的"天"，即蒙语称的"腾格里"，其后"腾格里"这一概念受各教影响被加上各种称呼，分成众多神灵，如后世就有99个之说，其中西方有55个都是善神，东方的44个腾格里都是恶神。景颇族表现传统信仰的史诗《穆瑙斋瓦》中所祭的鬼就有34种，各不相同。水族的巫书《水书》中收录并给予祭祀的善鬼就至少有54个，各有其名，专司不一，恶鬼至少有99个，鬼性各一①。凡此等等，不胜枚举。

　　这种信仰态势，自然而然地铸成了中国人民间信仰多样性的特征。君不见，古往今来，中国人从天到地，从人到灵，从动物到植物，从幻想物到超自然力，只要你想象得到的一切人和物，中国民间都会创造出一个神来加以供奉和膜拜。

三

　　文化是要表达的。世上没有不表达的文化，只有表达的

①　乌丙安：《中国民间信仰》，上海人民出版社1965年版，第5页。

文化。多元、多样的特点必然会给中国人的民间信仰带来多彩的文化表达。

如在中国人的民间信仰中,灵魂不死观念的表达就光怪陆离。神是宗教及神话中所幻想的、主宰物质世界和精神世界的超自然的存在,据说正直之人死后可为神,动物植物也能成神;而仙是古代道家和方士所幻想的一种超出人世、长生不老之人,他们是由凡人修炼而成;鬼则是人死后不灭的精灵。神、仙、鬼的不同形象,反映了中国人的民间信仰的多彩。

又如佛教诸神是外来的神,道教诸神是中国本土的神。据印度佛教教义,佛是人而不是神,但佛教传入中国后,与中国的传统文化融合而逐步中国化。自宋代开始,佛道两教逐渐打通。这种打通还包括了儒学(有的认为是儒教)的融入,在民间,孔子、观音、弥勒、玉皇大帝、东岳大帝、碧霞元君、吕祖等,都是信仰最广的神祇,所以明清时代的民间祀祠与道观佛寺似乎很难区别,许多民间杂神祠庙或以僧主持或以道主持,也反映了中国人的民间信仰的多彩。

说到这里,笔者想起曾参加过广西贺州瑶族三天三夜的

"还盘王愿"仪式,感受颇深。

　　"还盘王愿",瑶族又称为"做堂"、"搞愿"、"踏歌堂",举行仪式时要请四位师公,即还愿师、诏禾师、赏兵师、五谷师;四位艺人,即歌娘、歌师、长鼓艺人、唢呐艺人;六位童男童女和厨官厨娘。仪式一开始是请圣挑鬼上光约标,请各路外姓神鬼,即不是瑶族的神鬼到来,设宴招待,接着就祭五谷兵马,引禾归山,祈求丰收,所祭之神以道教神祇和农神雷神为主。在这个请神、请鬼的过程中师公要唱经书。

　　请神、请鬼和唱了《盘王大歌》后,是请瑶族的祖先神来"流乐"[①]。这时把道教方面的神像全部撤去,供上长鼓、瑶锦以及用红纸剪凿而成代表瑶族祖先的连州大庙、福江大庙、行平大庙、福灵大庙的神庙凿花,其中福江大庙供奉的是盘王,连州大庙供奉的是唐王,行平大庙供奉的是十二游师,福灵大庙供奉的是五婆圣帝。长鼓艺人表演长鼓舞,歌师歌娘出来围歌堂,童女作新娘装扮以娱盘王。接着就摆下洪沙

_____

① "流乐",即瑶语,意"玩乐"的意思。

大筵,众师公和还愿的家主一齐坐台,诵唱《盘王大歌》。最后众人一齐送盘王归去,还愿活动即告结束。[①]

三天三夜不停地举行着仪式(据说最长的还盘王愿要举行七天七夜),人们虔诚而热情,丰富多彩自不在话下。

凡此种种文化表达,也就自然而然地构成了中国民间信仰多彩的特征。如有福神的福星高照,福运绵长;禄神的加官进禄,富贵荣华;有寿星的寿山福海,星辉南极;有伏魔大帝义炳乾坤,万世人极;有保生大帝慈悲济世,救死扶伤;有媒神的红线拴住脚,千里结姻缘;甚至有驱邪神的大公在此,百无禁忌;有镇鬼神的铁面魁髯,威镇鬼魅;有厕神紫姑的占卜众事,预知祸福,等等,这些都显得人的精神世界像个"万花筒"的花花大世界。

四

多元、多样、多彩的中国民间信仰,本是普通老百姓日常

---

① 刘小春:《瑶族"还盘王愿"与〈盘王大歌〉浅探》,载广西瑶学会编:《瑶学研究》第二辑,广西民族出版社 1992 年版,第 203—205 页。

生活的一部分,其中虽有糟粕,但不可全概以"封建迷信"。其中的精华更亟待保护。

冲击首先来自韩国。2005 年 11 月 24 日联合国教科文组织第三批宣布无形遗产名单时,由韩国申报的江陵端午祭被联合国教科文组织正式确定为"人类传说及无形遗产著作"。一石激起千层浪。围绕着端午节申遗之争,从 2005 年 11 月底开始,在中国学术界和民间都产生了极大的反响。有人冷眼看韩国端午节申遗成功。中韩两国在端午节申遗上各显神通,但是最后,中国落败。起源于我国,并且一直延续的一个传统节日,却被另一个国家申遗成功,这是一个发人深省的问题。

端午节起源于我国,这是不争的事实,韩国也承认这一庆典起源是来自中国的传统文化。除我国汉族外,还有满、蒙古、藏、苗、彝、畲、锡伯、朝鲜等约 28 个少数民族都会庆祝这个节日。不仅如此,端午节还很早地传入了日本、韩国、朝鲜、越南等国家,这些国家至今还在欢度端午佳节。由韩国申报的江陵端午祭,就源于中国远古的祭龙日,它的远古文化蕴涵是用龙的威慑力驱除所有的灾疫邪祟。

　　韩国的江陵端午祭本身是一种祭祀活动,主要是祭祀地方的保护神和英雄等,还有一些群众性的娱乐活动。它原名"江陵祭",已有一千多年的历史。直到1926年,因为其时间是从每年的农历四月十五持续到五月初七,与中国的端午节相近,才更名"江陵端午祭"。值得一提的是,在韩国申遗时,首先承认这一庆典起源是来自中国的传统文化,就是端午的时间框架的选择。但是实际上,韩国江陵端午祭是由舞蹈、萨满祭祀、民间艺术展示等内容构成,与我国端午节包含了吃粽子、赛龙舟、纪念屈原等一系列中国传统文化的内容并不相同。

　　虽然如此,因为端午节起源于中国,如果从端午节起源来看,中国的端午节最应该被批准为"人类传说及无形遗产著作"。所以韩国的申遗成功多少有点出乎意料,对于中国人民来说,多少有些失落。但是,因为人类口头遗产和非物质遗产代表作需要具备唯一性、完整性和真实性这三个特点,其他国家的端午节不满足前两个条件,而韩国的申遗成功凭借的就是自己的保护与重视程度,从这点看,中国是不能比的。

韩国申遗成功的冲击,引起了中国对非物质文化遗产保护的强烈反思,其中重要的一点是非物质遗产在中国破坏大于保护。特别可怕的是长期反对封建迷信的大棒早已把中国民间极为丰富多彩的信仰文化摧毁了。

其实,中国的民间信仰伴随着历代民众的艰苦岁月,十分缓慢地度过了千万年时光。从远古史前时期的遗址祭坛和残缺的众神偶像上,发掘出中国史前文化史上原始信仰的珍贵形象,又从现存的中国五十六个民族数亿万言的口碑文化史中,也已经读到了浩瀚的植根于乡土文化的准宗教实录和鲜活生动的篇章。民间信仰,在中国文化史上,不容讳言,确实有它极其厚重的分量①。因此,对民间信仰的研究具有重要的学术价值和现实意义。

从学术价值上来说,正如历史人类学家郑振满和陈春声在《民间信仰与社会空间》导言中所说:

民间宗教研究在中国社会文化史研究中的价

---

① 乌丙安:《中国民间信仰·绪言》,上海人民出版社1965年版,第1页。

值,不仅仅在于我们可以把宗教研究作为一种认识手段,更深刻地理解蕴含于仪式行为和周期性节日活动背后关于宇宙、时间、生命和超自然力量等问题的观念,从而有可能用"理性"的方法,认识潜伏于普通百姓日常行为之下的有关"世界观"的看法;也不仅仅这样的研究可能有助于弥补在都市中接受现代教育而成长的一代研究者的知识缺陷,增长他们的见闻,开阔他们的视野,并为其学术生活添加一些有启发性的素材、灵感或有趣的饭后谈资。吸引众多的研究者去关注民间信仰行为的更重要的动机,对于这种研究在揭示中国社会的内在秩序和运行"法则"方面,具有独特的价值和意义。①

从现实意义而言,当下正热火朝天进行着的非物质文化遗产保护,主要指与有形的、物质的文化遗产相对应的那部

---

① 郑振满,陈春声主编:《民间信仰与社会空间》,福建人民出版社 2003 年版,第 1 页。

分文化遗产,包括传统口头文化和行为文化。而民间信仰是在广大民众中自发产生并自然传播的神灵与神物崇拜,它寄托着广大民众对平安、幸福生活的祈求、期望和追求,并以口头或行为的形式广泛地存在于各种民俗事象之中,不仅是非物质文化遗产的重要组成部分,而且是诸多非物质文化事象形成的生命之源和赖以生存的土壤①。所以,我们再也不能干消灭民间信仰的傻事了。陈桥驿先生曾说过:"历史上也有极少数绝顶聪明的人,他们洞悉这类崇拜和信仰其实都是子虚,但他们并不出头公开反对,因为他们同时明白,人类的这种崇拜和信仰,既是难以改变的,却是可以利用的。孔子就是其中的代表,他说'敬鬼神而远之',实在就表达了自己不信鬼神存在的观点。""当然,由于祀神祭鬼的事由来已久,他深知此事不仅不可抗拒,而且值得因势利导。"②

---

① 　向柏松:《民间信仰与非物质文化遗产保护》,载《中南民族大学学报》,2006 年第 5 期。
② 　陈桥驿:《万物之灵——中国崇拜文化考源·序》,载吕洪年:《万物之灵——中国崇拜文化考源》,广西民族出版社 1996 年版。

陈桥驿先生的一些观点,对当下中国的非物质文化保护有重要的启示:一是人类永远会有不可认识、无法解释的问题,从而会陷于"愚昧";二是有"愚昧"就永远会有崇拜和信仰;三是有崇拜和信仰,人类就会不断地创造出各式各样的神、仙、鬼、怪;四是民间信仰是草根文化,是地方性知识;五是对这种草根文化既要尊重敬畏,又要分清良莠。所以,当下明确民间信仰的内涵、价值、意义,以及未来走向,对保护非物质文化有着特定的现实意义。

五

兜着圈子讲了这么多,现在笔者才奔主题,讲讲徐华龙先生主编的"民间信仰口袋书系列"。

2014年4月,笔者在上海交通大学人文学院进行学术交流时,华龙君来访,谈到了他主编的这套书。这套书第一辑共有:《鬼》、《神》、《仙》、《妖》、《怪》、《精》。这是一个庞大而系统的中国民间信仰学术工程,笔者听后十分赞赏。

交流之中,华龙君想让笔者为这套口袋书写一个总序。

想到半个多世纪来"封建迷信"对中国民间信仰的涤荡,看到当下非物质文化保护的需要,笔者欣然接受了邀请。

为了写这篇总序,适才兜着圈子讲了中国民间信仰多元、多样和多彩的特点,讲了中国民间信仰的学术内涵、价值、意义,以及未来走向,目的是为了让读者认识和了解这套口袋书的价值和意义,此其一。

其二,近几年来,有关中国民间信仰的书也出了不少,主要有乌丙安的《中国民间信仰》(上海人民出版社 1995),吕洪年的《万物之灵——中国崇拜文化考源》(广西民族出版社 1996),张广智、高有鹏的《民间百神》(海燕出版社 1997),殷伟的《中国民间俗神》(云南人民出版社 2003)等。

乌丙安的《中国民间信仰》将中国的民间信仰崇拜形式归纳为对自然物、自然力的崇拜;对幻想物的崇拜;对附会以超自然力的人物的崇拜;对幻想的超自然力的崇拜四大类。这种分类概括性强,学术性也强,对学术界有用,但通俗性不够。

张广智、高有鹏的《民间百神》将民间百神分灶神、门神、家神、土地、路神、财神、火神、水神、龙神、福禄寿三星、送子神、城隍、玉皇大帝、风、雨、雷、电、日神、月神、星君、石头神、疫神、花神、草神、鸟神、虫神、树神、兽神、行业神等二十余种，因囿于中原地区，仅具有地方特点，且缺乏概括性。

吕洪年的《万物之灵——中国崇拜文化考源》将民间信仰分为自然崇拜、动物崇拜、植物崇拜、图腾崇拜、器物崇拜、躯体及脏器崇拜、生殖崇拜、数字崇拜、色彩崇拜九大类，且从考源视角切入，具有很高的学术价值，但通俗性也不够。

殷伟的《中国民间俗神》将中国民间俗神分为吉祥神、佑护神、居家神、出行神、婚育神、文化神、动物神、植物神、自然神、行业神十类。这种分类古今相混，传统与现代纠结，缺乏原生意义。

相比之下，华龙君的"民间信仰口袋书系列"分类细、定位准、结构严、资料丰，可谓集中国民间信仰研究之大成。

其三，华龙君的这套口袋书，诸位作者中，有教授，也有博士；有老民俗学者，也有年轻的民俗学者，可谓近年中国民间信仰研究者的一次集中亮相和检阅，反映了中国民间信仰研究队伍的壮大和发展。

其四,华龙君的这套口袋书,对中国民间信仰的重构,可以提供一个资料库,提供一个样本,提供一个指导。这可能是当下非物质文化工作最需要的。

其五,华龙君的这套书定位为"口袋书",顾名思义就是小巧,携带方便,价格平实,人们不用咬着牙、省吃俭用才买得起。

为了中国民间信仰的保护和发展,提起了笔,就刹不住"车"了,是以为序。

徐杰舜

2014 年 6 月

目　录

第一篇　我心足以造鬼

鬼论质疑

如今,鬼文化作为一个热点,日益被人们所关注。这一方面说明学术界对中国传统文化现象研究的深入,另一方面亦说明鬼作为一种文化现象或自然现象尚未被人们所完全认识,也就是说现实生活中有许多疑点很容易与鬼相混淆,因而形成了种种传言。

中国鬼文化的范畴,相当宽泛。笔者对鬼文化的研究,首先是从神话学的角度入手的。1989年第二期《民间文艺季刊》发表了笔者的《鬼话:中国神话形成的中介》,提出了一个中国神话形成之前有一个鬼话阶段的命题:

> 中国神话形成的中介,就是鬼话,离开了这个中介,就没有了神话这较高一级的艺术形态。因为人死后,第一阶段是变成鬼,然后再从鬼中分化成善鬼(即神)和恶鬼。这是中国民族宗教发展史上的一条普遍规律,已在我国许多民族历史上得到了

大量的坚实的证明。由此,我们可以看到,在第一阶段中,出现鬼之后,随之亦出现有关鬼的种种传闻,即可称为鬼话,它是形成中国神话的重要阶梯。

鬼文化的研究终究指向文化中的主体"鬼"。鬼到底是什么?或许从中国历史上,有鬼论与无鬼论之辩中,可窥得些眉目。

荀子认为,鬼的出现是由于人的感觉上的错位所造成,而非真有鬼魅。《荀子·解蔽篇》曰:

> 凡观物有疑,中心不定,则外物不清。吾虑不清,则未可定然否也。冥冥而行者,见寝石以为伏虎也;见植林以为后人也,冥冥蔽其明也……凡人之有鬼也,必以其感忽之间,疑玄之时正之。

这段话中,荀子主要从视觉的角度谈了之所以会造成鬼这一假象的原因,此说不无道理。

汉代王充则认为,人间没有鬼魅的存在,造成鬼魅的原因,是由于人长期思念的结果。《论衡·订鬼篇》曰:

凡天地之间有鬼,非人死精神为之也,皆人思念存想之所致也。致之何由？由于疾病。人病则忧惧,忧惧则见鬼出。

在20世纪初,有鬼论的观点在中国大地上风行不衰,成为民众思想文化的一个重要组成部分。为此,有识之士看到了这一严酷的历史现状,大声疾呼要人们从鬼魅观念的束缚下解放出来。陈独秀就写了一篇《有鬼论质疑》文章。此文发表后引起了一番论战。沈兼士则在打鬼节时写下《"鬼"字原始意义之试探》,试图从文字学、训诂学角度对鬼文化进行研究,主要观点有三:

一、人死为鬼,虽为一般传统解释,似非其原始意义。

二、鬼之原始意义疑为古代一种类人之动物,其后鬼神妖怪之义,均由此概念引申发展。

三、鬼字之字族分化系统。①

①　见《沈兼士学术论文集》,中华书局1986年。

这些研究成果,分别得到了郭沫若和陈寅恪的肯定和支持。

陈寅恪在信中写道:"大著读讫,欢喜敬佩之至,依照今日训诂学之标准,凡解释一字即是作一部文化史。中国近日著作能适合此定义者以寅恪所见,惟公此文足以当之无愧也。"①

世界上究竟有无鬼神?笔者以为鬼是不存在的。但其作为一种精神幻体又是存在的。其所表现出来的文化现象、宗教意识、风俗习惯等都大量地留存于现实社会之中。所谓鬼文化研究,就是对有关鬼的物质文化现象和精神文化现象的研究。或者说,鬼文化包含两个部分:一是物质文化,一是精神文化。物质文化是指有关鬼的实用性的器物、礼仪和活动;精神文化是指有关鬼的各种思维、意识等。这两部分的综合,才构成鬼文化的基本内涵和载体。只有充分认识到这一点,才有可能将研究推向

---

① 见《沈兼士学术论文集》,中华书局 1986 年。

深层次。

鬼神难辨

人死为鬼，这是中国人的传统说法。古代典籍里也多有对鬼的论述。

《礼记·祭法》："人死曰鬼。"

《礼记·祭义》："众生必死，死必归土，此之谓鬼。"

《说文·鬼部》："人所归为鬼。从人，象鬼头。"

《韩诗外传》："死者为鬼，鬼者归也。"

《玉篇·鬼部》："天曰神，地曰祇，人曰鬼。"

《正字通·鬼部》："鬼，人死魂魄为鬼。"

《吕氏春秋·顺民》："使上帝鬼神伤民之命。"高诱注："天神曰神，人神曰鬼。"

在人们的头脑里，鬼是可怕的东西，是看不见摸不着的。但在有的地方，又有"鬼仙"一说，人们将其与天仙（玉皇大帝、王母娘娘等）、神仙（女娲、盘古等）、地仙（狐狸精、蛇精等)、人仙(诸葛亮、关羽等)一同看待。因此可以知道,鬼与仙在人们的思维里有的时候被看作同一现象。所不同的是,鬼一般都在仙之下,即使是将鬼列于仙的类别之中,同样它还是在最末尾的位置。

其实,鬼与神是经常联系在一起的。《草木子》卷二下:"物之有形有声者,人畜是也;有声无形者,雷霆是也;有形无声者,木石是也;无形无声者,此体物而不可遗者也。学者所当思也。程子曰:鬼神于是若无若有之间,断遣得去,则知之矣。邵子曰:鬼者人之影也。"程子说鬼神"若无若有",而邵子则说鬼就是"人之影"。这里反映的是这两个人不同的鬼神观念。两人所辩一为"鬼神",一为"鬼",指称虽有不同,实质主体却是一回事。不管怎样,在古人的眼里,鬼神是难以区分的。

2006年出版了一部被清代三位皇帝所禁的书《岂有此理》(上海文艺出版社)。其中就有许多关于鬼神的内容,十分精彩,今引用一段:

客问予曰:"世人言有鬼物,其最使人疑乎,谓其无,何以有声?谓其有,何以无形?子试言之。"

　　予曰:"鬼者,我也。天下有我即有鬼。夫岂别有所谓鬼哉!凡疑之起,起于人心,而鬼即凭人心而起。是我之不善之心,即鬼也。我心足以造鬼,鬼不足以扰我也。有为恶之人,夜半呼之,未有不瞿然惊者,其心有鬼,不料为人之声也;有为善之人,亦夜半呼之,未有不徐而问者,其心无鬼,早知为人之声也。昔尝夜行于路,闻有声自空中来者,徐伺之,则一枯节之竹,风入而为此也。"

　　予曰:"人之所言鬼者,大抵如斯。天下事,始生于疑,疑久而信,信而深,而假者反真,虚者反实,自然之势也。子曰:'鬼神之为德,视而弗见,听而弗闻。'其言岂欺我哉?即曰:'如在其上,如在其左右。'亦承祭者敬恭之至,想象其状,结而成形者也。是则鬼之有无可以人心为断矣。昔有人饮于友之家,庭隅悬画弓,影射于樽,跃然惊为蛇也,归而病且作矣。友知之复招以饮,白其故,厥疾不药而瘳,无他，释其所疑也。今人之于鬼，亦犹画弓之影耳。慎毋以为恶之心致起其疑，而即以我造鬼，以我惧鬼也可。"

如果将这一段文章翻译出来，就是：

客人问我："世人都说有鬼，这最使人疑惑，认为没有鬼，为什么会有鬼的声音？认为有鬼，为什么不见鬼的踪迹？请您解释一下吧。"

我说："鬼就是我。天下有我就有鬼。难道会有另外的鬼吗！疑惑之情，产生于人心，鬼就是凭借人心而产生的。人的不善心，就是鬼。人心可以臆造鬼，鬼却不能扰乱人心。做坏事的人，半夜忽被人叫，没有不四顾而惊吓的，这是因为他心中有鬼，只是没有想到那是人的声音；做好事的人，半夜忽被人叫，没有不慢慢询问的，这是因为他心中无鬼，知道是人叫他。我曾经夜行，听到空中传来声音，我驻足观察，原来是一节枯竹被风吹动发出的声音。"

我说："人们所谈论的鬼怪之事，大概就是如此。天下之事，开始时都是产生于疑惑，疑惑久了就相信，越来越信，假的就成了真的,虚的成了实的,这是自然的变化。你说:'鬼神的造化,视而不见,听而不闻。'这些话怎么能骗倒我呢? 也就是说:'鬼神好像在上面,又好像在左右。'实际上,这都是信鬼的人出于对鬼的恭敬之心,想象出鬼的形状,虚构出鬼的形象。因此,鬼的有无可以凭借人心来判断。过去有人在朋友家吃饭,院角悬挂一张弓,影子映在酒杯中,此人误以为是蛇而突然跳起,回到家中一病不起。朋友知道了这个情况。又请他来吃饭,告诉他真实情况。此人的病也就不治自愈了。没有别的方法,只是化解了他的疑虑罢了。现在人们对待鬼怪之事,也就像对待画弓之影一样。切勿用作恶之心猜测鬼神,如果人们臆造鬼神,则人们也能使鬼神惧怕。"

以上引言不短,事实上已经将古人对鬼出现的原因和对人造成的危害说了,但到底什么是鬼,在这里并没有得出结论。

鬼到底是什么,过去有人试图做过研究的努力,但总是不能够让人信服,并没有一个确切的定义,各说各的,这就需要我们进一步探索。

◎ 鬼是灵魂吗?

答案是否定的。很多人相信鬼是人的灵魂所变,这是因为人们对于自己了解甚少,远古时候的人并不知道死亡是怎么回事情,因此想象出一个谁也无法看到的所谓灵魂来解释人死亡以后的存在。

古代人们普遍存在有灵魂的观念。《礼记·祭法》说:"大凡生于天地之间皆曰命。其万物死皆曰折。人死曰鬼。"可见那时人们把附着在活人身上的灵魂与人死之后独立存在的灵魂区别开来,并称后者为鬼。也就是说,在灵魂崇拜中引入了鬼的观念。古代民间真正崇拜的就是这种人死后变成的鬼魂,崇拜它们超人的本领。

鬼具有保佑和作祟双重职能。一些著名历史人物的鬼魂被神化,成为某地乃至全国的保护神。如《诗经·大雅·文王》云:"文王陟降,在帝左右……陈锡哉周,侯文王孙子。文王孙子,本支百世。凡周之士,不显亦世。"大意是:文王举止安详,在上帝的左右。他施恩布利培植周邦,使文王的子子孙孙都沾光,本宗旁枝百代长。甚至凡是周邦的人士,也都代代有荣光。

　　然而大多数的鬼魂则生活于阴间，或在世上游荡，它们常常危害活人。如据睡虎地秦墓竹简《日书》所载，战国末期秦人心目中的鬼种类很多，这些鬼怪异的浪漫主义色彩较为淡薄，而世俗气息却颇为浓厚。"他们有男女之情、口腹之欲、戏玩之心、喜怒哀乐之情，具有人的形象、人的思维"[①]，其中鬼父母作祟害子孙的例证很多，不胜枚举。

　　在新几内亚的某些地区，如果一个人的妻子死了，部落中的其他人就要对他避而远之。他与其死去的妻子的亲近关系也就意味着他与她的鬼魂有亲近关系，这就使他成为一个不受欢迎的人，使他成为一个被遗弃者而孤立无助。他必须呆在大家看不见的地方，必须自己渔猎谋生。他甚至不能踏上公共小径，他只能像一个被孤立的动物一样躲在森林里。这是原始民族对于鬼的直观态度，也反映了人类最早对鬼与灵魂的看法，即鬼魂精神幻体存在于人们头脑里，对人

---

① 黄晓芬、李晓东，《从秦简〈日书〉看秦人的鬼神观——兼论秦文化的功利主义特质》，载《中国秦汉史研究会通讯》，1986 年 11 月。

是有具体影响的。

清代就有人认为中国人说的鬼，就是西方人说的灵魂。《清代野记》第九卷卷下三讲了一则"名士遇鬼"的故事，最后作者就总结道："中国岂果有鬼神哉？所以近年西人之讲哲学者亦皆主灵魂之说也。"

西方人有灵魂之说，而中国人有鬼神之说，在某种程度上来说，有一定的共通之处，都是由死这一实际现象所触发的想象，而其中最质朴的想法就是"人之影"。无论是"鬼神"还是"灵魂"，都是人之"变形"，但又不完全是一回事。在一般人看来鬼是幻想出来的，其实，这可说对也可说不对。说它对，鬼的确有幻想的成分，因为谁也没有看见过，属于幻想类的精神体，也不为过；说它不对，是因为有鬼的观念可视作社会的一种进步，是任何民族发展过程中必须要经历的一个阶段。最早出现鬼的观念是在原始社会，这也是人类最初的简单思维，在他们看来，社会上只有人与鬼的存在，而此时的鬼不是现在我们所说的与人对立的精神幻体，而是实实在在的东西。它与人共同生活，没有冲突和矛盾。

◎ 鬼是梦吗？

在很多时候，梦与鬼往往联系在一起，特别是人们惊恐之后，在睡觉时梦见鬼神。其实，日有所思，夜有所梦，说的是白天想得多了，夜里很可能梦见相同的事情。梦是一种潜意识，是在意志无法左右的情况下而产生的现象。而梦见鬼则说明是白天的惊恐不安的情绪的自然反映，因此，从这种意义上来说，鬼是一种梦，有一定的道理。

《清代野记》记载："光绪元年，上海招商局以福星轮船载海运粮米赴津，附舟者江浙海运委员三十余人，又搭客数十人。行至黑水洋，遇大雾，适迎面一船来，未及避，被撞而沉。时当半夜，全船之人皆已寝，遂及于难。委员中有一满人者，将自苏起程时，梦有人持一文牒示之，大书'水府'二字于牒面，云有公事相邀会议。醒即言于人，以为不祥，将改由陆行，闻者嗤之。其人亦以为梦境无足凭，遂至沪附福星而死。"虽然这个人梦见的不是鬼，但依然将此归于冥冥之中有鬼神的指点，是一种不祥之兆，难怪这个笔记作者大呼"中国鬼神之说甚不可解"。①

◎ 鬼是影子吗？

　　有些人相信一个人的灵魂是以影子的形式存在，其实这样的观念在中国是根深蒂固的，为了防止自己的影子被伤害，就不愿意别人踩着，并且认为踩着了影子，就等于伤害了自己的灵魂。殡葬时，送葬者非常注意影子不要投在棺材上，特别是在盖棺之时，否则的话就极有可能被鬼所伤。有些地方直至今日还认为一个人有许多灵魂。例如卢安戈沿岸的菲奥特人、弗乔特人和巴维利人，他们认为人共有四种灵魂，即影子，而影子睡在它的所有的躯体之内并随人的死亡而死去。②通过对一些印第安人的部落调查，我们发现灵魂之得名来源于表示感触不到的东西的词，例如呼吸和影子。"塔斯马尼亚语中表示影子的词也表示精灵；阿尔贡金

① 梁溪坐观老人，《清代野记》第七卷卷下一。
② ［英］查·索·博尔尼，《民俗学手册》，上海文艺出版社1995年，第53页。

人把人的灵魂称为奥达楚克(otahchuk),即'他的影子';基切人的语言用纳土布(natub)一词表示影子、灵魂、阿拉瓦克语的威加(ueja)意指影子、灵魂、映象;阿比波尼人洛亚卡尔(loákal)一词表示影子、灵魂、回声、映象"①等。虽然这里的影子被认为是灵魂,不一定就与鬼有关联,但是在原始思维里,鬼与灵魂没有很大区别,往往两者是无法分开的,有的时候它们就是一个词,叫做鬼魂。一个英国吉卜赛人在1911年他的一个孩子死后,毁掉了他的篷木,理由是如果不这么做鬼魂便会附在篷木上面。②现在我们很难想象为什么当时他们要那么做,其原因很简单就是因为有了鬼魂观念。人们开始认识到有另一个非物质的自我。很长一段时间,中国人相信,夜里看不到影子的,那肯定是鬼。

如今这样的俗信,已经逐步淡化,但在偏远的农村或者山区依然盛行,它依然是中国及西方思想史上重要的文化资料。

---

① [英]查·索·博尔尼,《民俗学手册》,上海文艺出版社1995年,第52页。
② [英]查·索·博尔尼,《民俗学手册》,上海文艺出版社1995年,第53页。

说到这里，到底什么是鬼，应该有结论了。

所谓鬼就是一种精神幻体，而不是实实在在的存在物。它一般存在于人们的想象里。实际生活中，人们无法也不可能看到这样的东西，即使说见鬼也是精神的错乱或者幻觉，根本不是物质体。

人鬼分野

鬼产生于原始社会，那个时代人们的观念非常简单，人们认为除了人之外还有控制自然界的力量存在。意外得到食物或者其他所需的东西，就被认为是神奇力量所为，这种力量就被视作鬼；而那些灾害、疾病、饥馑等，常常造成人的非正常死亡，因此也会让人产生恐惧，使得人们感到在现实的世界之外，还有一种神奇的像人一样有控制力的生物在掌控自己，而这种生物是看不见的，因此更加具有危险性，它也被称为鬼。

由此可见，原始时期的鬼就是在人理解范畴之外的控制自然界的神奇力量,而这种不可知的力量被拟人化后,如同人一般,与人存在于同一个世界。

鬼与人最早是不分的。在傈僳族,他们崇拜自然物,同时已开始认为每一种自然物后面都存在着一种神灵——"尼"。不同的"尼"支配不同的自然物或自然现象,它们不分"神"和"鬼"("尼"在汉译时可译为"神",也可译为"鬼"),没有相互统属的关系。这些神灵(鬼灵)数量众多,主要可分为以下几类:一般自然现象类,如自加尼(天鬼)、米司尼(山鬼)、爱杜斯尼(水鬼)、加宽尼(夜鬼)等;植物类,如括扒柯尼(荞鬼)、拟浦尼(草木鬼)等;疾病类,如奥别尼(疮鬼)、爱起尼(病鬼)、贝哈尼(血鬼)、画司尼(迷魂鬼)等;社会生活类,如海夸尼(房屋鬼)、加姑尼(路鬼)、爱杜尼(水井鬼)等。这些都包含着超自然的神灵观念。

有的民族认为人与鬼原来是亲兄弟,只是到分割财产的时候,才各自分开。

哈尼族《人鬼分家》传说说到,很早很早的时候,人和鬼是一对亲兄弟,人是哥哥,鬼是弟弟。后来兄弟俩慢慢地不和气了,天天闹分家。家该怎么个分法才好呢? 兄弟俩吵个不停,相互不让,都想自己多分一些。告到阿波摩咪(至尊天神)那里,阿波摩咪派了母扎扎拉(一般天神)和米扎扎拉(一般地神)来帮分家。二神用栗树条把鬼赶到荆棘丛生的大悬崖边,拿藤子把人拉到水草丰盛的平地上。人分得马、鸡、鸭、猪、狗、羊和黄牛。鬼最贪心,除了分得野鸡、箐鸡、鹧鸪、鹌鹑、马鹿、麂子、老虎、豹子外,还抢占了鹅、鸽子和水牛。这样,人不依,鬼不让,双方抓住鹅、鸽子和水牛。你拉过来,我扯过去。最后,还是人的办法多,抢回了鹅、鸽子和水牛。不过,鸽子脚杆被扯脱了一层皮,变成了红色;水牛脖子皮拉得松弛了,留下了一道道皱褶;鹅脖子也被拉得长长的。为了让人和鬼今后不再发生争执,阿波摩咪叫母扎扎拉刻下天木刻,不准鬼到人住的寨子里;又叫米扎扎拉刻下地木刻,不让人到荆棘丛生的大悬崖边。但鬼恶得很,不遵守天木刻,经常抢占人的地盘,还到人住的寨子里捣乱,有时还拉走女人。有一天,人找到鬼商量重新分地盘。首先分水,人问鬼:"你到底要什么水?"鬼说:"我要所有静静的泉水。"人说:"那

我就要所有活动的水。"接着分地,人问鬼:"你要什么地?"鬼
说:"凡是草棵树木生长的地,我都要。"人说:"那凡是有灰和
糠的地,我都要。"眼看长满草棵树木的无边无际的大地就要
被鬼占去了,人急忙放了一把火,烧着了草棵和树木。火烧
过的地方,留下了满山遍野的草木灰,这些地方由人分得了。
这样,人和鬼才算分清了家。不知过了多少年多少代,不知
为什么,人慢慢地既看不见鬼,也听不懂鬼的话了,而鬼却仍
然看得见人,听得懂人的活。由于人分得了盖满草木灰的
地,人用这些地种了庄稼,日子越过越富裕,越过越好。鬼又
眼红了,它又跑到寨子里跟人捣乱。人没办法,又只有告到
阿波摩咪那里。阿波摩咪很同情人,就说:"人啊,你们在建
立新寨子的时候,先在头上倒顶一架三脚,边敲芒打锣,边吆
喝撵神,然后在寨子周围撒上一圈灰糠,鬼就不敢呆在那里
了。"阿波摩咪停了一下,又说:"好啦,我再把我的女儿派去
给你们做护寨女神。只要你们一年祭她一次就行了。"从此,
人又过上了平安的日子,并依照阿波摩咪的吩咐,传下了建
寨撒灰糠、倒顶三脚、敲芒打锣,一年一次祭护寨女神的习俗

和仪式。①

　　从这个故事或许可以得出这样一个结论：鬼与人的分野是在有了私有财产之后。私有制是公有制的发展，是社会制度的进步，同时也表示人与人之间的差别，大家不再一样，由于财产的不同就因此有了穷人与富人。在这样的观念支持下，人被区分，形成上下等级，最直接的结果就是人被划分成为人与鬼。在私有制初期，还没有形成穷富的称谓，只是延续原始思维的习惯，才将富者称之为人，而将穷者称之为鬼。

　　从心理的层面上来说，恐惧是产生鬼观念的又一个依据。马林诺夫斯基《巫术科学宗教与神话》说：野蛮人极害怕死亡，这大概是因为人与动物都有根深蒂固的本能的缘故。野蛮人不愿意承认死是生命的尽头，不敢相信死是完全消灭。这样，正好采取灵的观念，采取灵魂存在的观念。至于这种观念是因为什么样的经验而来，泰勒认为，人类捉到灵的观念，乃得安慰的信仰，相信灵的一贯继续，相信死后的生命。然而这样信仰

---

① 《哈尼族民间故事选》，上海文艺出版社1989年，第68页。

不是没有困难的,因为人与死在面对面的时候,永远有复杂的二重心理,希望与恐惧交互错综着。一面固然有希望在安慰我们,有强烈的欲求在要求长生,而且轮到自己又绝不肯相信一了百了;然而同时在另一面又有强有力的极端相反的可怖征兆。感官的证明,明明是死尸腐烂,逝者长逝,所以本能上显然惶惶的提示,似乎在一切文化阶段上又不能不使人感到完全消灭的危险,承认莫可名状的可怕的征兆。[①]

以上,我们从社会形态发展和心理的角度,说明了鬼的产生。这在如今保留下来的少数民族民间传统叙事作品里,可以清楚地看到这样的事实。

鬼模鬼样

◎ 动物形貌的鬼

关于这一点,在丰都鬼城里,可以看到鸡脚鬼就是一个

---

① 马林诺夫斯基,《巫术科学宗教与神话》,上海文艺出版社 1987 年,第 46 页。

例证。另外,鬼故事里说到,牛头、马面的鬼就属于比较典型的动物形态的鬼。在民间传说中间,也经常说到有动物外形的鬼,过去由于不注意,一般都忽视了鬼的这一外貌特征,这其实是一个不小的疏忽。

德国民间故事《熊皮人》讲:从前,有个年轻人入伍当了士兵,他很勇敢,在枪林弹雨中也毫不畏惧。但是战争结束,和平来临了,他为自己的前途担忧,他的父母亲都已经去世,他无家可归,于是来到兄弟的家里,要求他们收留他,但是他的兄弟都不肯。这个士兵除了一支枪以外一无所有,于是他扛着枪到处流浪。一天,他来到一片荒原上,那儿只有稀稀拉拉的几棵树。他又疲乏又悲伤地坐在树底下,开始思考起自己的命运来。正在这时,他听见一阵沙沙声,抬头一看,只见一个陌生人站在他的面前。这人穿着一件绿色的长袍,看上去十分高贵,但他的脚却露出了破绽——那是一双可怕的魔鬼才有的蹄子。陌生人说:"我已经知道你需要的是什么了。你马上就会有很多金银财宝,但首先我必须知道你是不是英勇无畏,这样我才不至于把钱白白扔掉。"

有蹄子的陌生人的要求是年轻人七年内不能洗漱,还要穿上熊皮斗篷,其间若他死了,灵魂就给陌生人;若他没死就能永享自由与财富。

　　蹄子可谓动物最明显的标志。或者换句话来说,这个魔鬼就是以动物为主要外形特征的。关于其是不是鬼,在故事的最后同样有很精彩的叙述,当英俊的客人看到餐桌上只剩下他的未婚妻时,就掏出了半只戒指,把它放进一杯酒里,然后将酒杯推到了姑娘面前。她端起酒杯时发现了里面的东西,于是她的心怦怦地跳了起来,赶紧将她一直挂在胸前的另半只戒指取了下来,与酒杯里的半只放在一起,只见吻合得天衣无缝。英俊的士兵说:"我就是你的未婚夫,三年前我像一头熊,由于上帝的赐福,现在我又变回了原来的人形。"他向她走去,和她拥抱在一起。正在这时,两个姐姐浓妆艳抹地走了出来,当她们听说这个英俊的男子就是三年前的"熊皮人"时,不由得又恼又羞,她们冲出家门,一个摔死在井里,另一个吊死在树上。这天晚上,有人敲响了大门,新郎打开门,看见穿着绿色外套的魔鬼站在门外。魔鬼说:"你瞧,虽然我没能得到你的灵魂,但我却得到了另外两个人的灵魂。"①能够将别人的灵魂取走的,在一般人的观念里,除了鬼之外,没有其他什么可以做到。

在原始思维的人看来,动物也有鬼魂,鬼魂在它们的躯体被人打死或被吃了以后,就会危害打死它们的人。在许多民族中流行着这样的风俗,凡是打到一头野兽,就要对它进行祭拜,说这不是我杀的,而是被大树或者石头砸死的,并且要隆重地安葬。古代西伯利亚科雅克斯人和芬兰人杀死熊或者麋鹿则举行葬礼,并将一些肉和其他食物放在桦皮小盒里进行祭奉。北美的切尔奥克人杀死响尾蛇,就会不断地企求它的宽恕,否则它的鬼魂就会进行复仇。类似这样的例子还有很多,都说明一个道理,古人认为动物也有魂灵,死后就成为了鬼魂,它们在世界上没有得到应有的自然死亡,而被人故意杀害,它的鬼魂就会进行报复。

---

① [美]约伦编,《世界著名民间故事大观》,上海文艺出版社 1991 年,第512 页。

从这一点上来说,鬼具有动物的形象也是不足为怪的。
而这些动物鬼魂要加害于人,变化成为人的形象还是非常合
理的,也正因为这样,鬼身上也会反映出动物的特征来。

◎ 面目狰狞的鬼

哈尼族民间故事《作洛搓罗》说:有一回,大神乌木领
着他的弟兄们出去巡查,这回走得远啦,好久没有回来。这
个时候,不知从哪个地方走来一个大魔鬼,专门捉人吃,不
管男人女人老人小娃,只吃活体,吃来吃去,人都快要被吃
完了,连大神乌木的独生儿子也被吃了。魔鬼一面吃人,一
面把骨头丢在地上,日子久了,白花花的人骨在地上铺成一
条白白的、弯弯的路。胆子大的人顺着去瞧,只见这条路绕
过七十座山,铺进一个阴森森的老岩洞里,大家才知道那就
是魔鬼的家,都把那里叫做"作洛搓罗",意思是"魔鬼活活
吃人的地方"。

这里虽然没有直接谈到鬼的形象,但是从其吃人的习惯
而言,已经非常可怕了。鬼的形象之丑恰是人对之有恐惧心

的体现,就比如怕鬼能够直接可以将人吃掉。在这样的基础上,后人沿袭利用这一心理,编造出许多可怕的鬼故事来,其中就包括一般在生活里不常见的一些外部特点,如无头、缺胳膊少腿、舌拖三尺、面部血淋淋等,以此刺激人们的感官神经,增加恐怖色彩。

在《酒鬼与水鬼》里,就有大胆的酒鬼被吓昏的故事:从那天起,酒鬼每天喝酒,不论剩多剩少,第二天酒瓶总是空空如也。日子一久,他发现有人偷自己的酒,决定把这个贼抓住。一天,他喝过酒,把剩下的半瓶酒用一个盆子盖住,然后在盆子四周竖着放了许多筷子,又在周围放了些空盘子,就和衣躺在床上。半夜时分,他被一阵盘筷碰击声惊醒,急忙坐起来一看,只见一个秃头尖顶的怪物,张着血盆大口,伸着血红的舌头,鸡爪似的手抓着那半瓶酒,瞪着发光的蓝眼,在贪婪地看着。酒鬼吓得"妈呀"一声就昏倒在床上了。[1]

同样,在民间传说里,钟馗是一个专门吃鬼的鬼神,他原

---

[1]　徐真编,《鬼话》,上海文艺出版社 2001 年,第 90 页。

本并不丑陋。《钟馗传略》："夫钟馗者,姓钟名馗,古有扈氏国终南山阿福泉人也,生于甘而居于泉,文武全修,豹头环眼,铁面虬鬓,相貌奇异,经纶满腹,刚直不阿,不惧邪祟,待人正直,肝胆相照,获贡士首状元不及,抗辩无果,报国无门,舍生取义,怒撞殿柱亡,皇以状元职葬之,托梦驱鬼愈唐明皇之疾,封'赐福镇宅圣君',诏告天下,遍悬《钟馗赐福镇宅图》护福祛邪魅以佑平安。"[①]为何原本不丑的钟馗到了传说中就丑了? 流传于广东普宁地区的《丑鬼戏钟馗》将钟馗奇丑无比的来历作了进一步的交代。钟馗,是一个善于捉、吃鬼的神。原先,钟馗是很英俊的,但后来却变得很丑,而且被人称为"丑脸神"。这其中有一段传说。很久很久以前,有一丑鬼,住在西山洞中。这个丑鬼神通广大,但却有个缺点,就是他生得太丑了。而自己又无法改变,因此十分烦恼。丑鬼还有一个本领:被吃下肚后不会死,而且还会变脸。即他自己的脸变成吃他的神的脸,而吃他的神的脸则变成为他的脸。

---

① 《中国鬼话》,上海锦绣文章出版社 2014 年,第 11 页。

于是丑鬼设计让钟馗一口吞下,顺着喉一直滑到胃,就在钟馗的胃里耍起拳脚来。钟馗顿时痛楚万分,几次三番之后,只好求饶。丑鬼马上从他嘴里出来,也不敢对钟馗说他已经出来了,一溜烟跑回西山洞。你道这是为什么?原来,丑鬼的丑脸已变成了钟馗的脸了。这可苦了钟馗,他张着嘴等了半天,嘴一直张着,不敢合拢。到底钟馗还是知道了这件事。于是,马上到五百里外的西山洞中寻找丑鬼。然而,丑鬼因为有了美丽的脸蛋,已成为仙人了。钟馗知道了,又马上飞往天宫。但守门的天将又不认识他(因为他已变成丑鬼的脸了),所以都不同意他入天宫。钟馗解释了半天也无效。从此,他对鬼恨之入骨,只要遇到鬼便吃。至今钟馗还是没有找到得道成仙的丑鬼,所以,他的脸仍是丑鬼的脸,而这个传说却一直流传至今。

鬼的形象是恐怖的,令人害怕的,常见的模式已演化成青面獠牙,或者是眼睛凸出,像快要掉出来的样子,长长的头发,快将全部的面孔都要掩盖住,总之与我们平时所见的人是不一样的。或者说,正因为不一样,也给人们的心理造成一定的压力,凡是与常人不同的,就是鬼。传说有一个老王非常胆大,天不怕地不怕,更不怕什么鬼怪了。一天,有人与他打赌,在某日夜里三更时分,他去乱坟地,见到鬼不害怕的话,此人就服输。要知道,那个地方鬼魂出没,胆小的提起乱坟地就心惊胆战,更不要说去那个地方了。到了约定的日子,月色朦胧,老王去了坟地,只见有一个身影站在不远处,背对着他,梳着一个长辫子。老王走过去,拍了拍那身影的肩膀,心想,他转过身来,应该是一个青面獠牙的鬼而已,谁想到,那个身影转过身来,那个头依然还是梳着长辫子,根本没有脸,这是老王根本没有想到的,一下子被吓昏过去了。其实,这个梳着长辫子的身影是那个打赌的人装扮的。这则故事告诉人们,故事里鬼形象是多变的,而不是一成不变的。特别是鬼话里,虽然说是一定的固定模式,但是其样式层出不穷,变化万端,这也就是鬼话的魅力之所在。

所以,鬼的形象也不都那么吓人,有的时候,它也会变化成为年轻美丽的女子、贤惠可爱的媳妇等,这些都是外在的形象,用这样的外形来掩盖其真实的令人感到由衷的害怕的形象。

　　鬼的行为是非常人所能为的,飞行、跨越任何障碍,上天入地,几乎无所不能。

　　另外,鬼又具有超自然的法术,可以变化成为各种各样的人和动物等,同时,也可以有极大的超乎寻常的力量,可以做到在人类看来难以做到的事情。

　　所有这一切都是人们想象、创作的结果。

　　综上所述,人们创造鬼的形象,不仅仅是消遣,而是各有原因,其中与借鬼来抒发个人情感与抱负是分不开的。

　　《聊斋志异》自序:披萝带荔,三闾氏感而为骚;牛鬼蛇神,长爪郎吟而成癖。自鸣天籁,不择好音,有由然矣。松落落秋萤之火,魑魅争光;逐逐野马之尘,魍魉见笑。才非干宝,雅爱搜神;情类黄州,喜人谈鬼。闻则命笔,遂以成编。久之,四方同人又以邮筒相寄,因而物以好聚,所积益夥。甚者:人非化外,事或奇于断发之乡;睫在眼前,怪有过于飞头之国。遄飞逸兴,狂固难辞;永托旷怀,痴且不

讳。展如之人,得勿向我胡卢耶?然五爷衢头,或
涉滥听;而三生石上,颇悟前因。放纵之言,有未可
概以人废者。松悬弧时,先大人梦一病瘠瞿昙偏袒
入室,药膏如钱,圆粘乳际。寤而松生,果符墨志。
且也,少羸多病,长命不犹。门庭之凄寂,则冷淡如
僧;笔墨之耕耘,则萧条似钵。每搔头自念,勿亦面
壁人果吾前身耶?盖有漏根因,未结人天之果;而
随风荡堕,竟成藩溷之花。茫茫六道,何可谓无其
理哉!独是子夜荧荧,灯昏欲蕊;萧斋瑟瑟,案冷疑
冰。集腋为裘,妄续幽冥之录;浮白载笔,仅成孤愤
之书。寄托如此,亦足悲矣!嗟乎!惊霜寒雀,抱
树无温;吊月秋虫,偎栏自热。知我者,其在青林黑
塞间乎!

第二篇　鬼魅阴影

鬼在人们的心目中,是挥之不去的阴影。它产生于人们的头脑,随后再作用于心理,使之产生各种各样的联想。这种联想的背后主要是害怕、恐惧等心理情绪,无论是哪一种联想,都是生怕鬼魅之类的东西会加害于自己,或者给自己带来不利。

惧怕心理

从心理学上来说,害怕是一种对现实事物缺少心理准备而产生的心理震荡,表现为情绪不稳,内心痛苦,心情急切。特别是对于超现实的鬼来说,在实践中一般人由于认知的缺失,使得这样的心理表现更加剧烈。人们看到的是异样的形象和造型,也就更加重了情绪的不稳定,从而会有非常不理智的行为和举动。

在《点石斋画报》里有这样一则《舟子捉鬼》的新闻故事,就说明人对鬼非常害怕的心理,而不法之徒则利用这一心理创造了获得财富的机会:

　　沪南沿浦一带近来夜静更深之际，忽有妇女三五成群，身衣彩衣，往来歌泣，相随于后，遇有妇女孤客信步行来，便多方追逐，做出种种鬼状，应声恫吓，以致行人遗簪失物不计其数，无夜不然。皆视为畏，连相率裹足。前夜有小船，帮人六七名，年旺力强，闻之欲穷异相。约于夜半时分投闲行。有某甲至增祥码头，浦畔并立，甫定果见无常儿首先执杆，后随红衣妇三名或歌或泣，抢步前来，甲知其伪，大喝曰："何物妖魔，敢在此作崇邪。"少顷，若辈渐近向甲直扑，竟将扇伞攫去，正欲逃遁，甲党纷纷毕集，奋力拘之，获两妇。细察之，非鬼，系江北狡狯，冀便私图也。甲等本欲送官，究辨，施因同帮中人，再四恳求，始脱之去。居民至此，始知此间真鬼固无，攫人财物者，然已晚矣。

文中那些坏人，就是利用了人们害怕鬼的心理，来装扮成鬼，试图使人们产生非常不理智的做法，将身边的钱财在匆匆忙忙之中丢弃而不顾，正是乘着这样的机会里，那些坏人就有了发财的机会。

事实上,作为一个社会中的人,其本身就有各种害怕源,只是每个人所害怕的对象是各种各样、千差万别的,尽管这样,在害怕鬼的问题上,在很多情况下大家是趋于一致的。正是如此,害怕鬼就是怕鬼的形象,因为它的形象是非常态的,往往与现实相差甚远。而如前所述,这种对形象的恐惧之下反映的是人们相信鬼会作祟,或者说,鬼会给自己带来不幸和灾难。这也就是说害怕鬼的行动。

在大家的头脑里,鬼是会作祟的,会带来灾难或者祸害,若不躲避,就会灾难缠身。特别是恶鬼更会带来致命的危险。而中国从来就是一个多鬼神的国家,有一些地区信鬼的比例很高,如在贵州等地,所信仰的鬼竟有七八百个之多,甚至上千种。在有些居住山区人群的观念中,鬼神不分,神仙不分。他们只是根据鬼的作为将其分为善鬼(吉鬼)和恶鬼(祸鬼)。这其中的善鬼或可视作"神"、"仙"的概念。水族鬼神众多这一特点,在他们典籍《水书》中也反映出来。如《水书》中所记载的凶鬼、吉鬼达数百个之多,仅凶鬼、"令"（鬼名，水语译名）鬼就有二十二个。在汉族里，大多数的鬼都是恶鬼，当然也有会带来好处的鬼，这仅仅是非常个别的现象。

由此，我们可以得知，害怕鬼的原因就在于鬼是一种不善良的幻体，会给人们带来种种灾难。因此人们害怕它就理所当然了。

在有关云南的许多书里，记载了过去人们相信鬼神的信仰。在诸多鬼神中，最凶恶的鬼是琵琶。琵琶是译音。据说，琵琶鬼是受着妇女的豢养，如果有人得罪了她，她就会放出琵琶鬼钻入仇人的身体，使人发烧发狂。倘若有人能够把鬼吓走，或者审出其来历，找它的主人将它领回，病就会自然痊愈；否则受害的人不久就会死掉。在这个地方，还传说，如果有人偷了琵琶人家的东西，这个琵琶鬼就会跟随着去危害偷东西的人。这个时候，偷东西的人就会生病，请来年长者询问情况，随后琵琶鬼就由病人直接招出，于是病者的家人就会准备酒肉等物送到琵琶鬼家。很奇怪，之后这个病人就会精神抖擞起来。

在 20 世纪 30 年代,有人作调查遇到一桩事,有个姓卓的广西人,娶了一个老婆,有天夜里,老婆回到家,一进门就两眼发白,神情大异。卓叫了几声,都没有回应,他非常惊慌,周围的邻居闻声而来,一致认为她是受了鬼的侵袭,于是,卓用辟邪的虎牙在她身上乱戳,想找出鬼盘踞在什么地方。一戳到手腕,她就大叫,原来鬼就藏在这里。卓便一边戳,一边审问它的来历,并且许愿,如果它回去,就可以得到一笔礼物,但是它不作声。旁边的人用放爆竹来吓唬它,它还是若无其事。卓拿出枪对准它,说假如它再不承认,就打死它。它依然不作声。还有人拿出棉被来要压死它,同样没有奏效。最后,卓端出一盆炙热的木炭,用铁钳夹起一块要来烫它,它这才惊慌起来,愿意招供。它供出它的名字,住在某某村,门前有棵大树,并且说如果不烫它,它愿意立刻回去。说完,他老婆一骨碌从床上爬起来,跑出门外,到了三岔口路,突然倒地,人事不省。人们将她扶回家,不久她就恢复神志,问她刚才的事情,她一概不知。据她日后告诉别人说,那天早晨,她因为买糖与一个妇人发生口角,或许那个妇人就养着鬼。据说,这种鬼平时变成小动物,喜欢吸动物的血,畏强凌弱。[1]

胆大超然

在怕鬼心理的反面,还有一种不怕鬼的心理,也就是所谓胆子大,就是不害怕鬼来害自己,这可谓是另外一种与一般人相比极其另类的文化心理。

不怕鬼首先是要胆子大,即使鬼变化各种各样可怕的面目,也吓不倒,这就使得鬼反而害怕起来,最后不得不逃走。类似的民间故事有很多,同样都说明这个道理。有一则《跟鬼比把戏》的故事讲一个叫天聋子的大胆青年和生死鬼斗智斗勇的事:

生死鬼先做了一套吊颈鬼的把戏。只见鬼轻轻往上一跃,亭子平梁上忽地吊起一具双眼珠鼓出眶外、舌头伸出半尺多长、手脚伸得笔直的僵尸。天聋子看着,心里虽然有点

---

[1]　姚荷生,《水摆夷风土记》,上海文艺出版社1990年,第215页。

害怕,额上冒汗,嘴里却连声说"不好看",要生死鬼另做一套。生死鬼从平梁上无声无息落下,倒在地上又做了一套七孔流血的溺死鬼。只见这鬼的眼、耳、鼻、口汩汩地一齐流着血,肚子鼓胀得像要炸破似的,看上去十分骇人。天聋子看着,吓得身子不住哆嗦,但还是强充勇敢,连连摇手说"不好看"。这时他叫鬼站好,吩咐鬼闭紧眼睛,他也变套把戏。生死鬼见自己的两套把戏都没把这人吓倒,也想看看这人到底有什么好把戏能吓唬它。天聋子见鬼闭起了眼,急忙从车上拿出一挂打算过年封门大吉用的千子鞭爆竹,迅速拆开,围缠在鬼的身上,然后噗地划亮火柴,点燃爆竹。爆竹噼噼啪啪响起来,把生死鬼吓得叽哩哇啦乱蹦乱跳,尖叫着向荒野奔逃。天聋子看着一闪一闪的爆竹火光远了,赶紧推起车子,踏着如水的月光,马不停蹄地拼命往家跑,唯恐爆竹响完,生死鬼再回来找麻烦。[①]

胆大心理也有多种形态:

---

① 徐真编,《鬼话》,上海文艺出版社 2001 年,第 66 页。

◎ 无惧鬼变

　　刘义庆的《幽明录》："阮瞻素秉无鬼论,世莫能难;每自谓理足可以辨正幽明。忽有一鬼,通姓名作客诣阮,寒温毕,即谈名理;客甚有才情,末及鬼神事,反覆甚苦,遂屈。乃作色曰:'鬼神古今圣贤所共传,君何独言无耶? 仆便是鬼!'于是忽变为异形,须臾消灭。阮嘿然,意色大恶。"这里的阮瞻是个无鬼论者,看见鬼"变为异形",先是"嘿然",然后表现出非常憎恨的表情,可见他并不害怕鬼多端无常的变化。

　　在民间,也同样有对鬼的丑恶形象不屑一顾的传说:村上有个屠夫贺仁,胆子大,夜里从集上喝酒回来,经过乱坟岗,遇见一女鬼要其唱戏,屠夫不肯,女鬼发怒。"好,你来看!"女鬼把脸一抹,怪样子吓死人,脸长半尺,七窍流血,脖颈里套一条麻绳,舌头伸出半尺长,原来是个吊死鬼。贺仁见了,心中一惊。他连忙镇静下来,想想这女鬼,对,是前村的刘氏。她因爱听戏跟个唱坠子的勾搭上了,后被丈夫发现,上吊而死。贺仁想,在阳间我都不怕她,死了更不该怕她! 想到这儿,他镇静自若了,哈哈一笑说:"刘氏,你不要装怪相来吓唬我,你的老底我清楚。若敢再不规矩,下次和判官在一起喝酒时,我准回报你几句,让判官把你抓起来,轻则罚劳役,重则下油锅,看你还敢变鬼脸吓唬人不!"女鬼听了,吓得"滋啦"一声怪叫,化阵风没了。

《聊斋志异》卷一《青凤》:"至夜复往,则兰麝犹芳,凝待终宵,寂无声咳。归与妻谋,欲携家而居之,冀得一遇。妻不从。生乃自往,读于楼下。夜方凭几,一鬼披发入,面黑如漆,张目视生。生笑,拈指研墨自涂,灼灼然相与对视,鬼惭而去。"

中国人以白为美,以黑为丑,一直是一种传统。鬼用"面黑如漆"的丑陋形象来吓唬读书人,谁知道读书人毫不害怕,"研墨自涂",两只眼睛"灼灼然"与鬼对视。言下之意,你黑我比你更黑,在此情况下,鬼只好惭愧走掉。这是与鬼争斗的方法,或曰以其人之道还治其人之身。

鬼是会不断变化的,它会变成各种各样奇形怪样的模样,会使得人惧怕,如果胆大不怕鬼的话,其再如何变化都无济于事。也就是说,不要被某种难看的外形所吓住了,甚至要藐视它,要看到它虚弱的实质,对于鬼来说,尤其如此。

荀氏的《灵鬼志》:"嵇康灯下弹琴,忽有一人长丈余,着黑单衣革带,康熟视之,乃吹火灭之曰:'吾耻与魑魅争光。'"应该说魑魅是害怕光亮的,而嵇康耻与魑魅争光,这也是不怕鬼的一种表现。"康熟视之",然后吹灭灯光,还说了一句"吾耻与魑魅争光",更是勇敢者心灵深处的感慨。

◎ 抓其弱点

刘义庆的《幽明录》:"阮德如尝于厕见一鬼,长丈余,色黑而眼大,着皂单衣,平上帻,去之咫尺。德如心安气定,徐笑语之曰:'人言鬼可憎,果然!'鬼即赧愧而退。"大家都知道,鬼的形象不佳,或许这就是鬼的致命弱点。按照现实生活中的常理来说,抓住别人弱点而攻击,应该说十有九胜。而人就最怕对方抓住自己的弱点。这样的攻击方法,用到了对鬼的嘲笑和攻击,同样是致命的。这样的言辞是非常的幽默,也表现了不怕鬼的大无畏精神。

在云南,过去有一种扑死鬼,扑死是译音,是一种极其可怕的鬼。明郎瑛《七修类稿》就有记载:"又有名扑死鬼者,惟欲食人尸骸,人死,亲朋锣鼓防之,少或不严,则鬼变为禽兽飞虫,突入而食之矣。皆不可以理喻者。"

这种鬼喜欢吃死人的尸体,而且也喜欢吃活人的脑髓,夜里变化成为飞虫,偷袭熟睡的人们。它最常见的是变成一种大虫,浑身黑色,两只眼睛红红的,丝线般的长触角卷曲在头上,形状丑陋,十分可怕。

这种鬼多数是妇女在夜间所变,据说,当她们要变化出去时,连她们本人都不知道,只是在地上打个滚,便是脸青神昏,在半睡状态中躺倒在家里。一直要到其灵魂附体之后,才会苏醒。她的灵魂飘飘荡荡出去以后,或变成猫,去吃人家的肉,使肉发臭不能吃;或变成人形去捏人家的小孩,使之大哭不止,身上青一块紫一块的,还要生病;有的时候,还会变成大白马、牛屎、烂谷篮等东西,在黑夜里放在大路上恐吓行人。如果被人识破,或者用法术将其捆绑起来,她就会发急,拼命地哀求放了她,因为到了下半夜鸡叫以后,她不能回去,那在家里的躯体就会一命呜呼。还传说,她的嘴很馋,还喜欢偷吃人家煮熟的鸡肉;夜里,她的头会偷偷地跑出去享受,假如,她的头飞出去以后,你在她头上涂点黑炭,头颅回来就不能够合上了,在四周乱转一气,倒在地上就死了。[①]

　　民间故事里还有许多胆大之人的趣事。《土地、河神和阎王》故事说的是,过去有个王老头,长得五大三粗,说话虎里虎气。有一年,王老头造了一个茅厕,茅口正巧打在了土地爷的脑袋上面。人们屙屎撒尿,屙得土地爷满头满脸。土地爷臭气难当,又不敢惹这家人家,只好忍气吞声,天天到村外的河里洗刷身子。河神十分讨厌,问土地爷为何满身臭气。土地爷便将自己的苦楚诉说一番。河神道:"老兄不必为难,领我去找找这个家伙,给你出一出这口恶气!"夜里,河神跟着土地爷来到这家打茅厕的门上。王老头正在院中闲坐。河神看老汉红面长髯,威风凛凛,不免有些胆怯。正在

---

① 　姚荷生,《水摆夷风土记》,上海文艺出版社 1990 年,第 216 页。

犹豫,忽听老头子喝道:"何人?"这河神本来耳朵就背,心中再一害怕,把"何人"误听成了"河神",心想,人家已经知道我啦!吓得拔腿就跑。和土地爷逃出村口,遇见了路过的阎王老爷。阎王问他俩何事惊慌。两人磕头碰地,将经过如此这般地一说。阎王老爷大怒,命令跟着的牛头、马面,去把王老头叫来。牛头、马面是阎王手下最得力的两员大将,一阵风来到老汉门前。恰逢老头子点着灯笼送妻子出来解手。老两口平时耍闹惯了,瞧着灯光照着的对方影子,老头子说:"看你像个牛头,把你备到车上。"老婆子道:"看你像个马面,把你拴到厩里。"牛头、马面听了,一齐叫声不好,赶紧抱头鼠窜。他们向阎王禀报道:"这家人果然厉害,差点把我们逮住!"阎王暴跳如雷,决定亲自出马。阎王带着土地爷、河神、牛头、马面,怒气冲冲地来到王老头院子跟前,王家刚好关了大门。阎王爷"呼"地蹿上院墙,正准备大耍威风,王老头夫妇听到动静,以为是来了强盗,老婆子说:"给他们一些钱吧,打发走他们算啦!"老头子说:"料他个球,阎小王爷来了老子也不怕他!"出来抓了块半头砖,朝墙头扔了过去。阎王爷的鼻梁正好被打中,痛得他"哎呦"一声,仰面朝天跌在墙外,幸好被土地爷、河神接住,扶着他踉踉跄跄,一口气逃出二里多地,才敢停下脚步。大家战战兢兢,不知该如何是好。阎王爷揉着鼻子,沮丧地对土地、河神说道:"你们俩忍着点吧,老家伙确实难缠,本官我惹他不起!"①

这是非常典型的不怕鬼的故事,连阎王都敢戏弄,可见其胆大到何等的程度。

在各种民间故事中,由于不怕鬼魂而得到好处的可谓不少,《无二爷与麻老三》就是一例。

早先,有一个叫麻老三的光棍汉,胆子也特别大,加上他又爱开别人的玩笑,就一个人睡到了无常鬼的神坛下。每次抽鸦片时,麻老三总是对无常鬼说:"无二爷,下来尝两口嘛。"一面说一面抽起来。有一天晚上,麻老三照例躺在神坛下抽鸦片,突然神坛上传来一阵劈劈啪啪的声音,麻老三吓得一个翻身坐起来,这时只见无常鬼正从神坛上一步一步走

---

①　徐真编,《鬼话》,上海文艺出版社 2001 年,第 197—198 页。

下来,到了神坛边上,"砰"地一个倒栽葱倒在了麻老三的怀里。麻老三这时已是三魂吓掉了七魄,他一边尽量往后仰身,一边战战兢兢地说:"无二爷,平时我只不过是闹着玩的,您就饶了我吧。"无常鬼理也不理,只是用眼睛直直地看着那些鸦片和烟具。

麻老三急中生智地想:他是不是想抽鸦片?于是麻老三双手抖抖地把装好鸦片的烟枪递到了无常鬼的嘴边;无常鬼张口咬住,一下子躺到神坛下,就着烟灯抽了起来。抽完了一杆,麻老三赶忙又装上一杆,一直抽了三杆,无常鬼这才放下烟枪,麻老三又赶紧端来一个破土罐,让无常鬼坐。无常鬼把尖溜溜的屁股放在罐子里,坐了下来。麻老三这时已经不再怕无二爷了。他把剩下的鸦片抽了,觉得一点瘾都没有过,但又没有鸦片了,只得打个哈欠,坐下来。无常鬼一句话也不说,自己从罐子上站起来,走回神坛上站住,不动了。

从此,每天晚上,无常鬼都下来和麻老三抽鸦片。久而久之,两个也就亲热起来,无话不谈了。但是无常鬼的烟瘾越来越大,每次都是他先抽,所以麻老三抽的鸦片一天比一天少了。为这个,麻老三有点不安逸了。一天晚上,麻老三对无常鬼说:"二爷,这几天我们一起抽,烟也销得快,今天只有最后这几口了,以后怎么办?"无常鬼也不答话,只管拿过烟枪抽了起来,他几大口就把烟烧完了。麻老三只得望着吞口水。无常鬼见状哈哈大笑,他拍着麻老三的肩膀说:"麻老弟,不要紧,明天一早,你就把我的帽子戴上,到外面去想点办法,我们就有烟抽了。"说完,他伸个懒腰,回到神坛上去了。

麻老三被烟瘾搅得一夜没睡好,第二天一大早,他就把无常鬼的帽子摘下来戴在头上,决定上街去碰碰运气。在半路上遇见一个熟人,麻老三向他打招呼,但是那个人左看看,右看看,摇了摇头,走了。麻老三很生气,骂了一句,又朝街上走去。街上很热闹。麻老三东逛西逛,逛到了一家烟馆门口,不知不觉地就走了进去。他一屁股坐烟榻上,大声喊起来:"伙计,端二两烟来!"不一会,进来一个小伙计,左看看,右看看,然后摸摸后脑勺,走了。麻老三又大喊起来,那个小伙计又走了进来,可说了声"见鬼啰",转身又走了。麻老三气得翻白眼,可又没有人理睬他。他实在熬不住烟瘾,就自己跑过去拿来烟土、烟具,一下子躺倒在床上,过起瘾来。一阵吞云吐雾过后,麻老三就在烟馆里游荡起来,等老板来给他结账,可是一直没有人来问他。他想:这大概是不要钱的烟,那我应该带些回去给无二爷尝尝。于是,他走到烟土柜前,大声问道:"这是不要钱的烟吗?"没有人回答。他又大声问:"这些烟可以拿走吗?"还是没有人回答。他自言自语地说:"既然是没得人的,那我就拿去算了。"他端起几大钵烟土走了,也没有人来拦他。

到了晚上,他对无常鬼说起了白天的事,无常鬼告诉他,那顶帽子是隐身帽,戴上后别人就看不见他了。麻老三叫道:"怪不得呢,我说怎么尽都不睬我了,原来是这么子家的。"从此,麻老三就经常在大白天戴上隐身帽到烟馆去抽鸦片,过足了瘾又端几钵回来。他自从和无常鬼一起抽鸦片以来,因为一天比一天抽得少,所以没多久,屋里便剩下很多鸦片。

一天晚上,无常鬼突然不烧烟了。麻老三很奇怪,就问道:"二爷,是不是我哪儿把您得罪了,怎么不烧了呢?"无常鬼说:"这一阵,我们一起抽鸦片,害得我身体越来越不舒服。前两天还害了一场病,既然我们是朋友,那我们就一起把鸦片戒了,你也好攒点钱过日子。"麻老三一听就笑了:"唉呀,无常爷,你是不是真的病糊涂了?我们这样不是很自在么,再说,您我都是瘾中人,又怎么戒得了呢?"不料话刚说完,无常鬼一下子就变了脸,紫青色的头发,胡子都竖起来,睁着一双血红的怪眼,大声地吼道:"你敢不听我的话,我就把你抓到阴曹地府去!"接着又拿出一个黑红色的药丸说:"你把它吃下去,不然我就不客气了。"麻老三赶紧给无常鬼跪下了:"二爷,看在我们往日的交情上,你就不要毒死我吧。"无常鬼一言不发,两只鬼眼死死地瞪着他。麻老三看看求也没有用,干脆把心一横,死就死吧,哪个叫我交上这种朋友呢。他一把抓过药丸,两眼一闭,一口吞了下去。过了一会儿,肚子里一阵剧痛,然后又是一阵恶心,嘴一张便大吐起来,他赶紧闭上双眼,躺下等死。又过了一会儿,一点痛的感觉都没有了,只觉得心里头空荡荡的,精神也好像好多了。他想：这可能是到阴曹地府了。睁眼一看，无常鬼就在眼前，他气得跳起来就给无常鬼"啪"的一耳光，不料，无常鬼却哈哈大笑起来。麻老三被无常鬼笑糊涂了，他向四周一看，发现是在自己的屋子里，他奇怪地说："咦，我不是死了吗?"无常鬼对他说："刚才你吃下的是戒烟丸，你看，这是你吐出来的烟虫。"麻老三过去看，差一点又吐起来。只见地上一大摊浓痰，里面有一条条黑色的像蛆一样的小虫在蠕动。无常鬼拍了一下他说："现在你也不用抽鸦片了，明天把剩下的鸦片卖到药铺去，换点钱来好好过日子吧。这顶隐身帽，我要带走了，我今天来是向你道别的，以前判官叫我一个人在这管庙，现在我要走了，如果你还把我当朋友看，那就照我的话做吧。"说完它拿过隐身帽往头上一戴，立刻就不见了。

　　第二天，麻老三就按无常鬼说的，用鸦片换些银子回来。买了几亩地，又修了两间屋，后来娶了本村的一个女子，克勤克俭地过起了日子。每天吃饭时，麻老三总忘不了给他的朋友无常鬼摆上一副碗筷，他相信无常鬼会来的。

　　白无常鬼在民间传说中并非是个恶鬼,而是善鬼,会常
常给人以意想不到的财物。这则故事里,无常鬼的帽子具有
隐身作用,而其隐身的功能为情节带来现实中无法实现的获
取财物的梦想。故事的积极思想价值,就在于在无常鬼的诱
导之下,主人公改掉了抽鸦片的习惯,过起了有房有地有老
婆的幸福生活。①

　　这样的情节在中国民间鬼话里,也是屡见不鲜的。它反映
了否极泰来的心理要素。只有当别人不可能做到的时候,你做
到了,这样才会有意想不到的好结果出现。现实生活也是如
此,只是这样的心理愿望在民间创作中更加被强化放大了。

惊悚不安

　　害怕是一种本能,而恐惧是更高一级的心理症状,是由
内而外的紧张情绪的表现。当然恐惧心理的产生是有一定

---

① 《中国鬼话》,上海锦绣文章出版社 2014 年,第 25 页。

的客观条件的,必须是在一种特定的自然条件下,比如黑漆漆的夜、荒郊野外等四周没有一人的情况下,就会有恐惧的心理。即使是没有鬼魅的世界,如果把一个人放在特定的空旷的田野之中,也会有令人毛骨悚然的感觉。这是因为人们对于非特定的陌生空间,有一种自然的恐惧。

比如有则非常流行的故事《洋娃娃》,说的是:有一天深夜,一个计程车司机正开车经过一片很荒凉的地方,四周一片漆黑;忽然看见前面荒地里有一座大厦,亮着昏暗的灯。他正在奇怪这里什么时候起了这样一座楼,就看到路边有一个小姐招手要坐他的车回家。那个小姐坐上车后,他就把车门关起来,开始开车,过了一会儿,他觉得很奇怪,为什么那个小姐都没说话,结果他往后照镜一看,哪有什么小姐,只有一个洋娃娃坐在那里。他吓个半死,抓起洋娃娃往窗外丢出去,回家后就大病了三个月。等他病好了以后,他回计程车车行工作,结果他的同事对他说:"你真不够意思,有一个漂亮的小姐过来投诉说她上次要坐你的车,结果她才刚把洋娃娃放进去,你就把车门关起来开走了。"

　　从叙述文字的角度来看,这不是大陆流行的故事,可能
是台湾或者香港的现代民间传说,但是它们都有一个共同的
特点,那就是讲究故事的气氛渲染。这里的《洋娃娃》虽然不
是鬼故事,但是它具有鬼故事的基本特征,那就是套用了传
统鬼故事所运用的手法,将一个非常普通的故事说得有声有
色。为什么会达到这样的艺术效果,就是因为这个故事里,
强调了晚间令人窒息的气氛。在那样一种黑夜朦胧的映照
之下,会使人产生各种各样的幻觉,而在大多数的情况下,这
种幻觉与鬼常常联系在一起。

　　恐惧是对外界的心理承受能力的一种不自信表现。

　　苏格兰《马夫和盗墓贼》说的是恐惧而不顾自己财产的
故事:一个漆黑的夜晚,有一辆轻便马车停到路边小酒店门
口。车上坐着两个男人和一个女人。那个女人坐在两个男
人中间,她头上戴着帽子,脸被面纱遮住了。两个男人跳下
马车,走进小酒店喝酒去了。那个女人却依然坐在马车上。
小酒店旁边有个马厩,一个马夫正在里面干活。他朝外张望
了一下,看见一个女人独自坐在马车里,于是他走上前去打

招呼:"嗨,这真是个寒冷的夜晚啊!"但是没有回答。他又说了一遍,她依然不作声。他仔细地打量了一下,发现她是一具尸体。他将尸体拖下马车,扛进了马厩,又脱下她的衣服穿在自己身上,然后又跳上马车,坐在她原先的位置上。他摹仿死尸尽量挺直身子。这时,那两个男人走出酒店上了马车,仍然一人坐一边。当然,他们以为中间还是那个死了的女人。当他们驾着马车走了一段路以后,其中的一个男人对另一个说:"你有没有觉得这具尸体开始变得暖和起来了?"另一个说:"是啊,我也感觉到了。"接着,马夫开口说话了:"如果你们像我一样,在地狱里呆了这么长时间,你们也会暖和起来的!"这就足够了。两个男人跳出马车没命似的跑了。这个马夫再也没见他们回来,他掉转马车回酒店去了。一直到今天,这辆马车和马还是马夫的财产,因为那两个男人再也没敢回到这地方。①

———————————

① 〔美〕约伦编,《世界著名民间故事大观》,上海文艺出版社 1991 年,第139 页。

这个故事里的那两个人其实是盗墓贼。盗墓贼恐惧有四个原因：一是夜，黑黝黝的夜色会使人产生各种恐怖的联想；二是盗墓，这是偷盗行为，心里充满紧张和不安；三是运送尸体，也给他们的心理打上许多疑问，或者说因此会有各种各样的狐疑；四是"死人"突然会说话，更是在本来就非常惊恐不安的心上又猛地敲了一下。这样一来，他们的精神防线也就因此彻底被摧垮，只有丢弃一切而逃。

意外陡生

意外是鬼故事在讲述过程中，经常出现的手法之一，这种手法的出现，并不是偶然的，是符合人们本能的心理的。由于这样的原因，在创作鬼故事的时候，不断会有意外的情节和细节出现，并且不断触动人的神经，使之兴奋起来，以达到心理的满足。

汪康年《汪襄卿笔记》："前二十年时，山西平遥忽有手刃

七命案。某村有富翁者，其妻得痨瘵疾，卧床不起者已数年
矣。一日，翁自外饮归，入房睹其妻，忽持刀砍之毙；其幼子
闻而走，亦杀之；邻一老妪适至，又杀之；俄而婢仆辈闻声奔
集，翁刀已钝，趋入厨房取斧出，尽杀之，计已杀七人。其次
子惶遽，缘登邻屋，翁又掷斧伤其腿。诸居邻咸集，并不解何
故，忽见翁掷斧而号，俄为地保执送官。官讯之，翁泣曰：'吾
岂意得此奇祸哉？吾始入室，忽见青面赤发人卧吾床，吾怖
甚，亟杀，幸以为得诛妖。俄而见群妖陆续至，吾大怒，亟取
刀斧砍之，咸应手毙。吾犹恐不得脱，已而忽洒然若醒，乃知
所杀者皆吾之亲属也！'言毕大哭。官论断如律，然某资财颇
巨，乃大贿狱官，服毒死狱中。"[1]

　　这样的例子，说明了一个道理，意外事情的产生都与人
们的紧张心理有着直接的关系。在特别的情形下，人的心理
会有特殊的激素产生，会改变过去的看法，将常态的事物视
为非常态的事物，也正是这样的情况下，会有非常异常的行

<hr>

[1]　汪康年，《汪穰卿笔记》，上海书店出版社1997年，第115页。

为出现。在鬼文化观念十分浓厚的民国初年,特别是"怖甚"的心理紧张到极点的情况下,将人看成是鬼有其现实依据的。汪康年在这段文字下有这样一按语:"凡人性识不清者,则脑筋易惑乱,目中忽然如见鬼物,非果有鬼物也。"这就说中了异常举止的心理根据。

快意复仇

复仇,是鬼故事常有的主题,也是人的复仇心理的表现。复仇心理是一种非常原始的人类心理,为了达到目的可以不惜砍掉仇人的脑袋,吃人肉,喝人血,就是复仇的种种表现,现在这样的状况已经失去了其生存的空间,人们再也无法享受痛苦淋漓的复仇,即恶终究被惩罚之后的愉悦和快乐,但是在鬼故事中间,这样的心情依然可以得到延续。这就是鬼故事之所以不断发展,不断出现的重要心理依据。

在鬼故事里,所谓复仇的事情,多半发生在被冤屈而死去的农村女性身上。《富禄客栈》说的是在此客栈里有一含冤女鬼,经常夜里出来害人。为什么呢? 原来这女鬼是个小家碧玉,名叫兰芳,跟邻居一个叫岳财的男子从小青梅竹马。后来长大了,两人私订终身。男家托媒到女家提亲,兰芳爹一百个不答应。半年后兰芳在无奈之下跟岳财私奔了。一天晚上,两人就在这间客房,兰芳先睡下了,来了两个陌生男人跟岳财鬼鬼祟祟地说了些什么。其实兰芳并没有睡实,他们说的话她都听见了。原来岳财变了心,以二百两银子的身价把她卖给了妓院。这时的兰芳上天无路,入地无门,夜里摘下耳环吞金自杀![1]

当然,复仇也是有对象的,绝不会枉害无辜。女鬼的复仇也是这样。在《富禄客栈》,举子与女鬼成为好朋友。以下有这样的对话:

> "你死得好冤枉!"举子对兰芳的遭遇深表同情,"你的仇人是永远不会来这里住店的。你又何必在这里苦煎苦熬地报复那些无辜的人呢?"

[1]　徐真编,《鬼话》,上海文艺出版社 2001 年,第 118 页。

　　兰芳说:"我的仇人一个月前已经淹死在大海里。"

　　"既然你的仇人已经不在人世,你也该解恨了,同时也不该再向别人报复了,世上总是好人多!"

　　兰芳听了举子的话,慢慢地低下头。

　　举子见她有了悔意,高兴地说:"我从来不相信世上有鬼,今天却遇到了你,咱们就交个朋友吧。"

　　兰芳说:"你得先说说,你认为我是鬼吗?"

　　举子认真地说:"上次见到你,觉得你像个鬼,可现在我看你倒像个人。"

　　兰芳欣慰地说:"说真的,我第一次见到你就佩服你的气概,现在更敬重你的为人! 跟你这样的人交朋友,我也不枉曾在世上活了十八年! 只可惜我不能为你做些什么了!"

　　举子爽朗地说:"交朋友应无所求,咱们交的是会心朋友。"

可见,复仇的女鬼也与人一样有同情心。

到了阶级社会里,生存的不同状况产生了各种各样的差

异：有的人生活会很幸福滋润,有的人会很奢侈糜烂;有的
人很委屈痛苦,有的人挣扎在绝望的边缘,等等,这些就构成
了丰富的社会色彩。

　　由于有了痛苦和冤屈,就有了怨鬼故事的出现。在这一
类故事里,女性的鬼占据了大多数,而且她们一般来说都是
含冤而死,死后为了宣泄自己长期被压抑的情感,往往要将
自己的敌人置于死地,以达到复仇的目的。

　　在现实社会无法达到的目的,在鬼故事里,有了更广阔
的叙述天地,能将不可能的事情,用鬼魂的艺术形式真实地
表现出来。正是在这样的叙述背景下,人们不会在意其可能
性与否,只是意在将压抑在心里的怨气痛快地抒发出来。

　　在传统故事里,复仇的鬼故事很多,复仇是鬼话中重要
的文化主题。将鬼变化成会吃人肉、喝人血等这些非现实社
会的行为和非一般的恶劣、怪异、血腥的长相,也正是为了要
进行复仇所需要的手段和情节。关于这一点,我们在许多鬼
话里都可以看到。

　　《富禄客栈》里有这样一个情节：纸人见举子没有反应,

一晃,变成一个袒胸露乳的美貌女子,两眼直勾勾地盯着他。这时举子却故意坐下整理起书卷来。那女子见举子还是没有反应,便把衣服脱个精光,千姿百态地扭动起来。举子见此情景,厌恶地把脸扭向一旁,不理睬她。那女子恼怒了,伸手把头上的发髻一把撕开,长发遮过了胸腹,"呼喇"一声,披散的头发又直立起来!可是举子好像什么也没有看见,依然瞅着窗户。女鬼更急了,又伸手从口里拽出一条一尺多长、血淋淋的舌头来,并发出一声凄厉的怪叫!举子斜视她一眼,依然不动声色。那女鬼见这些招法都不行,便拿出了看家的本事,她一手揪住直立的长发,一手抽出一把锋利的钢刀,"嚓"地一声把自己的脑袋割了下来,头颅和长发搅在一起在地上乱滚,身子却直挺挺地立着不倒!举子见这情景放声大笑,终于开口说话了:"你这个没有用的东西,怎么不想一想,你带着脑袋我都不怕你,把脑袋割下来我岂不是更不怕你了!"那女鬼听举子这么一说,赶紧收了招法,一晃身子仍变成一张纸片,从门缝里溜走了。

　　这个纸片就是女鬼变的,试图来向自己的仇人进行报复的。为了达到这样的目的,女鬼变化成种种的形象来吓唬对方,然而故事里的举子是个不怕鬼的人,同时也不是她所要寻仇的对象,因此女鬼的各种各样的恐吓和变化也就不起任何作用,更不用说是复仇了。

第三篇　说鬼道魅

鬼并非只是老百姓的话题,诸多名人也与此颇有渊源。这里所说的名人广布于政治、历史、文化等领域,他们都对鬼有过各种议论,甚至有不少兴趣研究。另一方面,民间流传的鬼话有许多也乐于将现实中的名人作主角。这些对于我们研究鬼文化是有借鉴意义的。

鬼与现实

用鬼话来说人事,曲折地表意并不少见。毛泽东就曾经用过《何典》。在 1972 年的一次中央政治局扩大会议上,毛泽东直接引用了《何典》中的许多话。首先是"药医不死病,死病无药医",意思是说药只能够医治不会死的病,如果病入膏肓,非死不可,那就无药可医了。如同《何典》中的活鬼一样,犯实了症候,就是把"九转还魂丹像炒盐豆一般吃在肚里,只怕也是不中用的"。然后,毛泽东又引用了《何典》中的两句:"说嘴郎中无好药","一双空手见阎王"。在座的人听了感到很新奇,就问毛泽东这几句话是从哪里来的。毛泽东说,他是从《何典》中看来的。于是当时政治局就要求把《何典》找来,用大字体重印了一次,16开本,政治局委员每人发了一本,连中央委员都没有资格分到,郭沫若还是后来多方想办法才弄到一本。[1]

《何典》系清朝嘉庆年间的鬼话作品,为张南庄所著,是借用鬼来讽刺社会的章回小说,全书用吴语方言写成,而且其中还引用当时最原始的俚语村言,具有非常强的生命力,形象活泼,生动俏皮。毛泽东在不少场合化用或者直接引用过《何典》里的言辞。林彪出逃时,周恩来曾请示毛泽东是否要拦截,毛泽东说:"天要下雨,娘要嫁人,由他去吧。"所谓"娘要嫁人",便可从《何典》中找到出处。

邓小平与毛泽东一样也十分喜欢以鬼为题材的古代作品,如《聊斋志异》。《文学自由谈》2006年第4期发表一篇《小平爱读〈聊斋志异〉》:"(张)庆善看到书房里有个书橱全部是《红楼梦》,特别亲切,好奇地问:'您这儿这么多红学的

---

① 摘自《党史博览》2006年第8期。

书,是邓小平同志喜欢《红楼梦》吗?''不是他,是我喜欢《红楼梦》。''小平喜欢什么书?''他喜欢写鬼的书。''《聊斋志异》?'卓琳回答,是的。邓小平喜欢《聊斋志异》。他不仅在北京时经常看《聊斋志异》,外出还带《聊斋志异》。他让工作人员把《聊斋志异》拆成活页,外出时带几篇,闲暇时看。"

《聊斋志异》是一本专门谈狐说鬼的书。它是蒲松龄在民间收集到的鬼狐故事,具有很强的民间性,但是蒲松龄并没有满足收集来的东西,而是在此基础上进行了加工整理,还加入自己的看法和感受,因此这些鬼狐故事较最初的原始素材的鬼狐作品有了更多的艺术性和可读性。由此可见,邓小平喜欢《聊斋志异》不是没有道理的。

鲁迅是一位勇敢的斗士,在他笔下,鬼同样用来作为战斗的武器。

鲁迅曾感慨:"我们中国人对于鬼神也有这样的手段。我们中国人虽然敬信鬼神,却以为鬼神总比人们傻,所以就用了特别的方法来处治他。至于对人,那自然是不同的了,但还是用了特别的方法来处治,只是不肯说。你一说,据说

你就是卑视他了。诚然,自以为看穿了的话,有时也的确反
不免于浅薄。"此话甚是,中国人相信鬼神,敬畏鬼神,但是还
是有办法去对付的,而对人来说,就不那么容易。言下之意,
这些人比起鬼神来,更加恐怖而难以对付。鲁迅所说的这段
话,是针对当时的统治者说的,表现了他对中国社会的关心,
以及他那种疾言厉色的神情。

此外,鲁迅由于对鬼神文化十分熟悉,经常在他文章里
利用鬼文化的词汇和内容来表示他对现实的看法,深刻地论
证了自己的观点,进而更加使得文章有说服力,同时也更符
合中国人的传统习惯和美学。

鲁迅《捣鬼心传》:"中国人又很有些喜欢奇形怪状,鬼鬼
祟祟的脾气,爱看古树发光比大麦开花的多,其实大麦开花
他向来也没有看见过。于是怪胎畸形,就成为报章的好资
料,替代了生物学的常识的位置了。最近在广告上所见的,
有像所谓两头蛇似的两头四手的胎儿,还有从小肚上生出
一只脚来的三脚汉子。固然,人有怪胎,也有畸形,然而造化的
本领是有限的,他无论怎么怪,怎么畸,总有一个限制:孕儿

可以连背,连腹,连臀,连胁,或竟骈头,却不会将头生在屁股上;形可以骈拇,枝指,缺肢,多乳,却不会两脚之外添出一只脚来,好像'买两送一'的买卖。天实在不及人之能捣鬼。

"但是,人的捣鬼,虽胜于天,而实际上本领也有限。因为捣鬼精义,在切忌发挥,亦即必须含蓄。盖一加发挥,能使所捣之鬼分明,同时也生限制,故不如含蓄之深远,而影响却又因而模胡了。'有一利必有一弊',我之所谓'有限'者以此。"

在这里,鲁迅说的捣鬼,不完全说的是鬼,但是捣鬼一词毕竟还是与鬼字沾亲带故的,所以也可以放在鬼文化中来说。所谓捣鬼,其实就是一种见不得人的事情,否则也不会暗地里进行操作,这与鬼的行为是有一致的地方。所以用捣鬼一词来形容政客和与之相关的人,再确切不过了。

20世纪60年代初出了一本书叫《不怕鬼的故事》,据说是有政治背景的,是由何其芳编选,目的与书名完全一致,就是要叫人"不怕鬼",在当时国际和国内政治和经济条件下,显然是把这本书作为现实政治斗争和思想教育的工具了。

强人说鬼

鲁迅《捣鬼心传》："清朝人的笔记里,常说罗两峰的《鬼趣图》,真写得鬼气拂拂;后来那图由文明书局印出来了,却不过一个奇瘦,一个矮胖,一个臃肿的模样,并不见得怎样的出奇,还不如只看笔记有趣。小说上的描摹鬼相,虽然竭力,也都不足以惊人,我觉得最可怕的还是晋人所记的脸无五官,浑沦如鸡蛋的山中厉鬼。因为五官不过是五官,纵使苦心经营,要它凶恶,总也逃不出五官的范围,现在使它浑沦得莫名其妙,读者也就怕得莫名其妙了。然而其'弊'也,是印象的模胡。不过较之写些'青面獠牙','口鼻流血'的笨伯,自然聪明得远。"

这里所说的《鬼趣图》为罗两峰所画。罗两峰名为罗聘,字遁夫,两峰为其号,别号花之寺僧,安徽歙县人。在扬州八怪中,尤以擅画《鬼趣图》出名。《鬼趣图》的内容,据清人郭祥伯《鬼趣图序》介绍:"图凡八幅。其一,澹墨黯昧,隐隐有面目肢体,谛视始可辨。其二,一鬼短衣偻而趣,一鬼奴而从,裸上体,以手拄腰,骨节可数。其三,鬼衣冠甚都,手折兰花,揽女袂,女鬼红衣丰鬌,昵昵语,傍鬼摇扇侧耳听。其四,一矮鬼扶杖据地,红衣;一小鬼捧酒盏,就矮鬼吻,吻哆张。其五,唯一鬼,瘦而长,垂绿发至腰,左手作攫拿状,右手掮其发,手长与身等,足步武越数丈,腰腹云气蒙之,身纯作青色。其六,长头而偻者一鬼,身不及头之半,头之前鬼二,一锐上,一混沌然若避、若指、若顾。其七,风雨如漆,一鬼俯首疾走,一鬼张伞,其前一鬼导,其后一鬼头出伞上,若依倚疾走者,昏黑淋漓,极惶遽奔忙之状。其八,枫林古冢,两髑髅齿齿对语,白骨支节,巉巉然也。"

鲁迅在 1912 年 5 月 30 日的《日记》里写道:"晚游琉璃厂,购……罗两峰《鬼趣图》一部两册,两元五角六分。"1913年 4 月 28 日,鲁迅又在《日记》里提到了罗两峰:"下午寄一小包与二弟,内储《笔耕园》一册,《白阳山人花鸟画册》一册,罗两峰《鬼趣图》二册……"在《且介亭杂文二集·漫谈"漫画"》里,他说:"漫画是 karikatur 的译名,那'漫',并不是中国旧日的文人学士之所谓'漫题''漫书'的'漫'。当然也可以不假思索,一挥而就的,但因为发芽于诚实的心,所以那结果也不会仅是嬉皮笑脸。这一种画,在中国的过去的绘画里很少见,《百丑图》或《三十六声粉铎图咏》庶几近之,可惜的是不过戏文里的丑角的摹写;罗两峰的《鬼趣图》,当不得已时,或者也就算进去罢,但它又太离开了人间。"鲁迅还将上海文明书局影印的《鬼趣图》寄给其二弟周作人,可见鲁迅对此图的重视。

罗两峰《鬼趣图》还得到其他人的赞许。易宗夔《新世说》卷六说"《鬼趣图》殊形异状,宛然吴道子地狱变相"。但也有人对此图进行了批评,说其有"以意造作"之感:"扬州罗两峰,目能视鬼……所画有《鬼趣图》,颇疑其以意造作。"(纪晓岚《阅微草堂笔记》卷二)

钱锺书有时候也会谈及鬼。在说到李贺时,说他善于写鬼,能够写出一种阴凄的意境:"若咏鬼诸什,幻情奇彩,前无古人,自楚辞《山鬼》、《招魂》以下,至乾嘉胜流题罗两峰《鬼趣图》之作,或极诡诞,或托嘲讽,而求若长吉之意境阴凄,悚人毛骨者,无闻焉尔。刘文成《二鬼》之篇,怪则是矣,鬼则未也。《神弦曲》所谓'山魅食时人森寒',正可喻长吉自作诗境。"(《谈艺录·李贺诗以玉石作喻》)众所周知,屈原的《山鬼》《招魂》,罗两峰《鬼趣图》,刘伯温的《二鬼》都是以鬼为题材的经典之作,用这些作品来作为映衬,就更加说明了李贺写鬼的独到。李贺《神弦》中写"呼星召鬼歆杯盘,山魅食时人森寒",即表现出召鬼来享受祭品,山魅来吃时的森森寒气。再像《南山田中行》、《苏小小墓》、《感讽》等诗歌,将鬼灯、鬼火、墓穴等一系列与鬼相关的意境,写得令人毛骨悚然,背脊上冷汗淋淋。

民间戏剧,最初与原始宗教有着密切的关系,特别是地方小戏都起源于各种各样的宗教活动,流传在绍兴等地的社戏也不例外。社戏作为一种民间演出活动,最早也与宗教相关,例如,演出前要进行祭祀,如对关帝、包公、龙王、火神、岳五猖、城隍、土地等进行祭拜,到了后来,单纯的祭祀里,才逐渐地加入表演的活动,演出的内容也大多数与此有关,也叫酬神戏。伴随着社戏的还有迎神赛会、农村贸易集市活动,人声鼎沸,摩肩接踵,过去是绍兴等地农村最热闹的活动。

　　鲁迅对此有深刻的记忆,他在《社戏》最后说了这样一句话"也不再看到那夜似的好戏了",由此可见,鲁迅对儿时看社戏的情景是多么难以忘怀。

　　除此之外,《社戏》一文里还叙述了北京当年演出目连戏的场面:"我打听得叫天出台是迟的,而第一舞台却是新式构造,用不着争座位,便放了心,延宕到九点钟才去,谁料照例,人都满了,连立足也难,我只得挤在远处的人丛中看一个老旦在台上唱。那老旦嘴边插着两个点火的纸捻子,旁边有一个鬼卒,我费尽思量,才疑心他或者是目连的母亲,因为后来又出来了一个和尚。"本篇最初发表于1922年12月上海《小说月报》第十三卷第十二号,因此可以推断,20世纪初,舞台上鬼戏还是很盛行的。

　　讲述鬼故事的活动,在老百姓中间非常流行,特别是在传统农业社会里,晚间都会相互聊天,说说各种各样的耳闻目睹的事情,在此期间也会谈鬼故事,由于鬼故事的特殊性,

大家都喜欢听，而这样的鬼故事一般都不作为教育来说，往
往是作为茶余饭后的消遣的谈话资料。听了之后，虽然有些
害怕，但还是十分吸引人的。

　　现代文学家邵洵美在《鬼故事》里这样说他们小的时候
听鬼故事的紧张情景：我国不知从什么时候起，鬼故事便不
再被文人采用了。在通俗作品上说，武侠小说在近几年来还
风行，黑幕小说也有过它黄金的成功；而纯粹以鬼来做题材
的，简直可以说没有。这个好像和当局的破除迷信的政绩是
有关系的，但是黑黢黢的影子，几曾离开过一般人的眼帘？
我当然并不想提倡迷信，不过因为最近常和朋友讨论我国通
俗小说的种种问题，同时又因为最近世界文学及电影的潮
流，有许多鬼怪的倾向，所以想在这里把自己对这方面的兴
趣谈谈。这种兴趣的成形，我须得回想到当我七八岁的时
候。我有一位堂房叔叔，他真是个被埋没的天才，更可以说
是一个被科举制度所牺牲的天才。他十一二岁便已写得一
手好字，做得一手好文章；十五岁便考中了秀才；一心想做状
元，谁知此后竟屡试屡败，到后来他的长辈和他自己都灰心

了,但是功名的野心却永远在他身上种了根。好像他在二十岁左右还发过一时期的官痴,每天早晨总要拿一张桌子放在中厅,自己坐在椅子里,模仿着审问罪犯的样子,自言自语,拍桌拍凳。后来革命起义,他从家乡来上海,住在我们家里,那时他已三十多岁了。他住在后天井的东厢房里,一天到晚读着小说笔记,或是画些钟馗之类的图像。吃过夜饭,我们总去找他;在绿幽幽的煤气灯下,他用了高低迟速的口吻,讲到我眼睛虽然疲倦也还不敢闭拢的,是奇妙曲折的鬼怪故事。在当时我们一群小孩子的心里,这位长辈真有着使鬼差神的法术;原来他的梦想也正是因为人世的功名无望而在希求死了以后补任森罗天子的缺职。他现在也许已在什么地方做了城隍,查对着恩怨簿,把刑罚加上一般他在阳间所痛恨的人们哩。他每次讲到一种鬼,开始总有一长篇关于面貌、服装及性格的形容;使一个个都好像活现在我们面前,这便是他的天才!不但是我们一群小孩,即连带领我们的女佣人,也都听得身体不敢侧动,等到故事讲完,他们站了起来,拉紧了我们的手,一路故意高声笑谈,使空气变得热闹些,再加紧了脚步,呼拥地奔到前天井的楼上。睡觉的时候,谁也不敢熄灯,也不敢再提起方才所听到的一切;关紧了房门,去到梦里出汗。[①]

周作人《谈鬼论》写道:"三年前我偶然写了两首打油诗,有一联云,街头终日听谈鬼,窗下通年学画蛇。有些老实的朋友见之哗然,以为此刻现在不去奉令喝道,却来谈鬼的故事,岂非没落之尤乎。"他还引经据典,说明自己喜欢听鬼故事:"据《东坡事类》卷十三神鬼类引《癸辛杂志》序云:'坡翁喜客谈,其不能者强之说鬼,或辞无有,则曰:姑妄言之。闻者绝倒。'说者以为东坡晚年厌闻时事,强人说鬼,以鬼自晦者也。东坡的这件故事很有意思,是否以鬼自晦,觉得也颇强说,但是我并无此意则是自己最为清楚的。虽然打油诗的未必即是东坡客之所说,虽然我亦未必如东坡之厌闻时事,但假如问是不是究竟喜欢听人说鬼呢,那么我答应说,是的。"这里他以苏东坡喜欢别人说鬼故事,来证明自己也同其

---

① 见《聊侃鬼与神》,吉林人民出版社 1996 年,第 176—177 页。

一样,由此可见他毫不讳言自己喜欢听鬼故事的事实。

此外,周作人《谈鬼论》引辽阳刘青园著《常谈》卷一中的一段文字,说明谈鬼是人人喜欢的内容:"鬼神奇迹不止匹夫匹妇言之凿凿,士绅亦尝及之。唯余风尘斯世未能一见,殊不可解。或因才不足以为恶,故无鬼物侵凌,德不足以为善,亦无神灵呵护。平庸坦率,无所短长,眼界固宜如此。"

由此可见,喜欢听讲鬼话不是个别人的爱好,不仅"匹夫匹妇"喜欢,而且"士绅"同样喜好,因此可见这是一种社会的比较普遍的文化现象。

周作人说:"小时候读《聊斋》等志异书,特别是《夜谈随录》的影响最大,后来脑子里永远留下了一块恐怖的黑影,但是我是相信神灭论的,也没有领教过鬼的尊容或其玉音,所以鬼之于我可以说是完全无缘的了……听说十王殿上有一块匾,文曰:'你也来了!'这个我想是对那怙恶不悛的人说的。"

正由于他喜欢古代的这些鬼故事作品,所以对于鬼的感情,他曾解释道:"这样说来,我之与鬼没有什么情分是很显

然的了,那么大可干脆分手了事。不过情分虽然没有,兴趣
却是有的,所以不信鬼而仍无妨喜说鬼,我觉得这不是不合
理的事。我对于鬼的故事有两种立场不同的爱好。一是文
艺的,一是历史的。关于第一点,我所要求的是一篇好故事,
意思并不要十分新奇,结构也无须怎么复杂,可是文章要写
得好,简洁而有力。其内容本来并不以鬼为限,自宇宙以至
苍蝇都可以,而鬼自然也就是其中之一。其体裁是,我觉得
志异比传奇为佳,举个例来说,与其取《聊斋志异》的长篇还
不如《阅微草堂笔记》的小文,只可惜这里也绝少可以中选的
文章,因为里边如有了世道人心的用意,在我便当作是值得
红勒帛的一个大瑕疵了。"

鬼与名家

　　文人记载民间鬼故事的有很多,唐之传奇、晋宋之志怪
在清代皆有继承和发展,不仅有《阅微草堂笔记》、《聊斋志
异》、《子不语》等重要的著作,而且还有许许多多不知名的作

者撰写的类似鬼故事的作品集。在这些作品里,有不少是以知名人物为故事主角的,这种联系有的时候是生硬杜撰的,但这种拉名人作幌子,试图让鬼故事更可信的心理也值得探究。

◎ 与神话人物对接

仓颉是传说中的人物,生有"双瞳四目"。目有重瞳者,被视为圣人。仓颉是黄帝的史官,其最大的功劳就是创造了文字,同时也对流传于先民中的文字加以搜集、整理和使用,在汉字创造的过程中起了重要作用。民间传说里将仓颉与鬼神联系在一起,更加重了故事的传奇色彩:

盘古氏开天辟地以后,地面上还是一片混沌,人同野兽一样生活,当时,有个天神叫伏羲大帝,他看人类这样活下去不像样,就派个叫仓颉的弟子,造几个可以拼拆的简单文字来教人们。人只要学会拼拆,一字就能化八字,八字变六十四字,字越变越多,人也就越变越聪明,最后就能参透万机,做大地上的主人。鸿钧老祖得知此事,认为人一旦学会识字推算,就要变成人精,今后又要搞得天地混沌了,就派了他的弟子太上老君来劝阻仓颉说:人变聪明良心会变坏,聪明人一多,天下就勿太平。仓颉不听他的劝告,说:我是奉大帝的天命来教人类,大帝要教会人类智慧,我怎能违抗天命?太上老君知道劝说无效,就作法召集各路神灵与前世鬼魂,命他们去吓散跟仓颉学字的人群。于是这些神灵鬼魂便到仓颉那里鬼哭神嚎起来,骂仓颉是害人精。仓颉被这群鬼神缠得实在没有办法,不得已造了个阴阳太极八卦图,来镇压鬼神。这样一来,仓颉触犯了不准泄漏天机的天条,大帝不得不把他调回天上,听说仓颉还为此受到惩罚,取消了庙食。所以,三皇五帝有庙,连蚩尤、龙王都有庙享,就是仓颉的被取消了。仓颉没有完成教人识字的任务,所以人们只学到了一半,一个字最多只能变化四个,也只能发四个音;又由于各地方的学生学的程度不一样,所以直到今天,同一个字在各地方就会有不同的读法,派不同的用场。不过,他泄漏的八卦神算,后来终于被西岐周文王学会了,使他上知五百年,下知五百年,不但能推算人间万事因果,还能推算天地日月星辰的变化。孔明先生只懂三分，就能鼎足天下；刘伯温也只知四成，就帮朱太祖一统大明。一点都不信八卦的人，讲这是迷信，懂它的人就知道其中奥妙无穷。可惜的是直到今朝还没有一个人真正能全部懂得八卦。[①]

关于仓颉造字的民间传说，还有两个，一是说黄帝的军队和蚩尤的军队交战时，留下仓颉来造字。他整天苦思冥想，都想不出来，到了冬天，仓颉上山去打猎，只见满山遍野白雪皑皑，雪地上留下各种各样动物的蹄印。于是仓颉就根据动物留下的形象画出来，就成了字！不久，人、手、日、月、星、牛、羊、马、鸡、犬这些字都造出来了。可是象形文字越造越多，往哪里写呢？写在石头上拿不动，写在木板上太笨重，写在兽皮上也不合适，这又把仓颉难住了。后来发现将龟壳取下来，可以写字，他把自己造出的所有象形字都刻在龟壳的方格子里，然后用绳子串起来，送给黄帝。黄帝看了很高兴，记了仓颉一大功。据说从这时起，有了最早的象形文字，

---

① 《中国鬼话》，上海文艺出版社 1991 年，第 507—508 页。

有了甲骨文。第二个传说流传于郑州市郊区,即新郑、新密、登封一带。古时候没有文字,人们结绳记事。轩辕黄帝统一中华后,命大臣仓颉造字,仓颉在洧河南岸的一个高台上造屋住下,专心造字。好长时间也没造出字来,仓颉很着急,一天他正坐在茅屋前苦想,一只凤凰鸣叫着从天空飞过,凤凰嘴里衔的一片树叶落下来,上面有个明显的兽蹄印。一名老猎人说这是貅蹄印,各种兽的蹄印都不一样,他只要一看蹄印,就知道是什么兽。仓颉由此受到启发,造出了山河湖海、日月星云、树木花草、鸟兽虫鱼等很多字,从此中国有了文字。

在这些民间传说里,感觉最真实的内容是,根据蹄印图案造出字来,这非常符合现代人的逻辑,也容易被大家所理解。其实这是对社会进化论的诠释,而很少有自己对事物的观察和创造。相较而言,第一个《仓颉造字》故事却十分生动和传奇,带有民间传统的思维方式,真正将故事的精髓表现出来。同时将鬼与未知事物联系在一起更加可信,也更有民间文化的色彩。

◎ 与历史人物对接

民间故事《孔子造鬼神》里说,孔夫子门下有三千学生,他们都喜欢提问。一天,有几个学生忽然问了一个孔子无法回答的问题:"先生,平时你教我们的字都有具体的形状,而为什么神和鬼我们不能亲眼见一见呢?"孔子听后,默不作声。过了一会儿,他说道:"既然你们想见鬼神,好吧,明天我领你们去见一见吧。"弟子们听了,没说什么,退了下去。孔子一夜没睡好,究竟有没有神和鬼呢?孔子发愁地想。第二天他便和那几个弟子去找神和鬼了。他们没走多远,来到一座庙前,孔子说道:快到神仙的地方了。弟子由于急着要见神仙,便加快了步子。走到庙宇门口,孔子要几个弟子在门外等着,自己先走了进去。来到庙里,只见一个衣服破旧的叫化子半躺在墙脚,一双手脏得出奇。孔子再看那庙堂,也许因为年久失修早已破烂不堪。不过,有扇窗子还较完整。他上前朝叫化子行了个大礼,说道:"我是个教书先生,有几个弟子要想见见神是啥样,可我也不知神在哪儿,是否能烦你?"叫化子同意了。于是孔子出去把弟子喊进了庙。然后

他朝着墙壁大声喊:"神在哪儿?"神堂里没有一点动静。"神
在哪儿?"他又大喊一声,仍无动静。他想:该死的叫化子。
停了一会儿,他又喊了一声:"神在哪儿?"这时,只见那窗户
微微动了一下,从里面伸出一只比簸箕还大的手来……弟子
们顿时吓得都跑出去了,孔子也惊得目瞪口呆。一行人继续
往前走去。只见一片柏树丛,他们又加快了步子,他们来到
树林前,孔子还是让弟子在外面等着,自己径直朝树丛中走
去。只见有一老汉,头戴一顶旧草帽,在树下悠闲地坐着。
原来是个看墓人。孔子上前行礼道:"我有几个弟子缠着我
要见见鬼是啥样,可我也并不知道有无鬼,是不是您……"老
汉听完便点了点头。于是孔子走出树林喊弟子们一起去见
鬼。他们来到一块坟地前,孔子喊了一声:"鬼快出来。"但是
并无动静。他又大喊一声:"鬼快出来。"还是没见什么鬼出
来。他的心虚了。"鬼快出来。"孔子壮壮胆子,又大喊一声。
"来了。"只见一个头戴红尖帽、个子矮小、脸色灰灰的东西从
树丛中蹦了出来……弟子们又吓得跑出老远,孔子这次也吓
得胆战心惊。从此,孔子和那几个弟子开始相信世上真有鬼

神存在了。但更多的人没有亲眼见过鬼神，所以只是将信将疑。①

孔子名丘，字仲尼，春秋末期鲁国陬邑（今山东曲阜市东南）人，是中国古代著名的思想家、教育家、儒家学派创始人。相传他有弟子三千，贤弟子七十二人。孔子曾带领弟子周游列国十四年。孔子还是一位古文献整理家，曾修《诗》、《书》，定《礼》、《乐》，序《周易》，作《春秋》。将孔子与鬼联系起来，应该是老百姓的艺术创造。由于孔夫子是中国文化的象征，很有代表性，将他与鬼文化放在一起，可以加深听者对故事的印象。

类似这样的故事作品还有一些，看起来好像荒谬，但是它有老百姓自己的理解和哲理。例如在故事《神鬼的来源》里，他们认为，人世间最早的神鬼是孔子创造发明的。孔子有弟子三千，每天讲仁义论礼教。神一套，鬼一套。一天，有几个弟子问道："老师，你天天讲鬼呀、神呀，能不能给我们见

---

① 《中国鬼话》，上海文艺出版社1991年，第508—510页。

见?"这一问可把学问渊博的孔子问住了。不过,孔子毕竟是孔子,他眼珠子一转,计上心头,嗯,这样吧,等我求求神灵,哪天有空我告诉你们。于是他便悄悄筹备起来:用一锭纹银雇了个远路逃难的穷人,暗地里带他到府中进行装扮演习。一天,他对弟子们说:"经我三番五次求告,神鬼终于答应明天上午降临,让你们开开眼界。不过,到时候谁也不准说话,否则神灵怪罪起来,一切后果由你们自己承担。"第二天,孔子来到他每日的讲课堂上,在桌后挂了一幅幔帐,然后,他装模作样地烧香,叩头,敬表,直闹得烟火紫绕,随后口中念道:"神啊,鬼啊,您显显灵,让那些无知之辈瞻仰一下您的尊容,请显灵吧。"于是幔帐徐徐张开,果然现出个神鬼。只见它面目狰狞,青面獠牙,高帽赤发,红袍黑目,袒胸赤足,绿手长甲……众弟子见后毛骨悚然,直吓得跪倒在地低头闭目,口中不住祈祷。不一时,只听孔子说:"送尊神!"众弟子这才如释重负,慢慢地抬起头来,只见眼前神鬼不见了。弟子们个个咋舌惊讶,这鬼魂来无踪去无影。弟子们开始确信这人世间真有神鬼存在。就这样,神鬼的传说便一代一代流传下来了，而且越传越神秘，越传越玄乎。①

　　虽然这里说的是鬼神的产生与孔夫子有关系，但是从故事的实质来看，已经否定了鬼神的存在，这也是故事具有积极意义的地方。

　　除了孔子之外，还有其他历史人物被演义，而且是与鬼联系在一起，并且将这样的联系说得有情有理，非令人信服不可。

　　关于鬼谷子的来历，民间有这样的传说：传说很久很久以前，陕西地方有一官宦人家，家主姓王名善，生有一女儿，取名王金花。有一天，金花小姐与丫鬟到花园游玩。她们来到一处地方，发现了一个人的头骨，头骨里长出一根稻子，但穗上面只结了一粒籽。金花小姐很奇怪，把这一粒稻谷摘到手上，心想，这谷子里面是否跟其他的谷子一样也有米呢？于是她把谷子放在嘴里咬一咬，看它如何。谁知她刚把谷子送到嘴里，谷子便像长了腿一样，跑进喉咙里去了。金花觉

---

① 《中国鬼话》，上海文艺出版社1991年，第510—511页。

得很奇怪。谁知,自从吃了这一粒谷子以后,金花怀孕了,肚子一天比一天大。慢慢地,爹爹王善也知道了。王善想:我这样的门第,出了这种事,有损王家声誉。于是,他不问青红皂白,给金花小姐送去一条汗巾,让她自寻死路。金花小姐没有办法,眼看快要临盆了,爹爹又要让自己死,心里一想,也只有死了安静,活着也没有脸皮见人,于是上吊死了。金花小姐死了之后,在棺材里生下了一个男孩。初时用奶喂养,到后来,孩子渐渐长大了,金花小姐就用陪葬的首饰和金银玉器到人间换回一些食品,来喂养孩子。时间一长,这些东西也没有了。金花小姐没有办法,便来到了她父亲的一个好友家里。这家开了一个南货店,但店主不知道金花已死。金花小姐向他买了一些干粮,没有付钱就走了。店主想:她是王善的女儿,王善又是我的好友,并且有的是钱,以后不怕她不还。于是吩咐家里的人说:"金花如果再来买东西,你们不必向她讨钱,记上账就行了。"这样一晃过了两年,店主看到金花买东西的次数多了,并且数量也逐渐增多。他翻了一下账,金花已经赊了一大笔钱。一天,等金花来时,他就问金花："你赊了我这么多的东西,打算多久给我还账? 是你自己还,还是你爹爹还?"金花当时说:"账我自己还,下次一定给您带来。"没隔几天,金花又来了,拿出了一件衣服对店主说:"账我实在还不起,这有宝衣一件,权当银两,任凭老伯折算。"店主把宝衣拿过一看,这是外国进贡的一件宝衣,价值连城。他喜出望外,收下后就对金花道:"你以后要什么,只管来取,不必记账了。"原来,这宝衣是外国进贡来的,名叫翡翠宝衣,热天穿了似水浇,冷天穿了似火烧。皇上把这一件宝衣赐给了王善。王善爱女心切,虽然逼女儿自尽,下葬时还是给她穿上这件宝衣入了土。一天,王善的这位好友穿了这件宝衣来到王善家,王善一看,这件衣服只有我家才有,而且给死去的女儿穿去了,他怎么又穿起了呢? 莫非他掘了金花的墓不成? 于是就追问道:"你这件衣服是从哪里来的?"他的好友答道:"员外,你难道不知? 这是你女儿用它换了我许多食品,当作银两折算与我的。"王善怒道:"我女儿已死了好几年,你不掘墓,从何而来?"于是二人翻脸争吵起来。一个说你掘了我女儿的墓;一个说你血口喷人,不是你女儿亲手送来,我哪有此衣。两人争论不休。后经人劝解,为了证实,便一同来到墓地,挖开坟墓,打开棺材,只见一个孩子约十二三岁,金花好像睡着了一样。王善把孩子抱起来,只见金花小姐面容突变,好似满脸委屈。王善把孩子抱回家后,因他没有父亲,只好跟外公姓王,取名王禅。王善又从王禅口中得知女儿金花的冤情,知她因吃鬼谷而孕,所以又给王禅取了个小名叫鬼谷子。王禅以后入山学道,能知过去未来,算命卜卦。人们称他为鬼谷子先生,后人又称他为王禅老祖。

其实,这是非常典型的墓生儿故事,像这样类似的情节在别的墓生儿故事中有很多,但是在这里却将鬼谷子与墓生儿联系在一起,说明了老百姓的创造力是非常丰富的。[①]

◎ 与帝王对接

与帝王联系在一起的鬼话,有《鬼帮赵匡胤》。古时候犯

---

① 《中国鬼话》,上海文艺出版社 1991 年,第 513—515 页。

死罪的犯人在杀头前总有一顿吃喝,除了大鱼大肉,还有一壶酒喝。定这个规矩的,就是宋朝开国皇帝赵匡胤。那时,赵匡胤正在落难阶段,闯关东,走关西,漂泊无定。有一天,他见一个十字街口围了好多人,挤进去一看,原来大家是在观看官府斩决人犯。只见一些斩犯瘦骨伶仃,处决之前昂起了头在吃一根线上串着的七颗米饭。赵匡胤见到这种惨景,心中大为不悦,脱口而出:"有朝一日我赵匡胤南面而王,必让死犯在行刑前大吃一顿。"谁知赵匡胤无意中说了这番话,却被这些断头鬼听了去,于是便在阴间宣扬:今后若是赵匡胤坐天下,一定恩泽鬼魂。我们做鬼的也要帮他一帮。果然,后来赵匡胤陈桥兵变时,无数鬼魂为他摇旗呐喊,云雾四起,众将们都道赵匡胤得到天助,没有一个将官不心惧投诚。就这样未伤一兵一卒,赵匡胤黄袍加身,做了大宋皇帝。之后他便颁旨天下:死犯在临死前可大吃一顿。犯人堂毙,审官有罪;监犯瘐死,监守有罪。因为他不但曾落过难,而且也看到前朝一代帝王子孙没有一个好下场的,所以他后来平江南、灭各国,都没有大开杀戒。当然这也是为他子孙作考虑,自古嗜杀成性的帝君,子孙总是深受其害。[1]

　　与鬼故事有联系的帝王,还有唐太宗等,由于他们的历史几乎家喻户晓,一般农村里读过一点书的人都会讲出有关他们的故事,而鬼故事又为群众所喜闻乐见,因此将这两者结合,更会产生意想不到的效果。

　　◎ 与官吏对接

　　在这类故事里,以包公判案为主题的故事很多,多数是因为包公在民间具有非常浓厚的传奇色彩,老百姓在其身上寄予了诸多希望。

　　包拯是中国颇有名望的清官,被称为"包青天"。他执法严明,铁面无私,关心民苦,为民请命,努力改革,兴利除弊,严惩贪污,廉洁清正。所有这一切都符合老百姓心里所希望的那种官员形象。有关包公的故事和传说自宋元以后,就在民间大量流传,直至形成了丰富多彩的艺术典型,深受民众

---

① 《中国鬼话》,上海文艺出版社 1991 年,第 526—527 页。

敬仰和爱戴。在鬼故事里，包公判案同样铁面无私，冷脸向恶，使得许许多多的坏人都魂飞魄散。

《申冤庙》的故事说，包黑上京赶考，有一天，他和包安路过天北山的时候，天渐渐暗了下来，这里荒无人烟，古怪阴森，极为可怕。走着走着，突然一座古庙出现在眼前，包黑决定在这座古庙里投宿。一进院门，里面杂草丛生，怪声乱叫，包安吓得紧跟在包黑身后。包黑点着松油灯，睁大眼睛观看，只见一张破旧的单人床，一把残旧的椅子，还有一个半新半旧的书台。除了这些之外，别无他物。包安铺好蚊帐，一睡下，就进入了梦乡。包黑在松油灯下读书。突然，一阵冷风吹来，前面出现一个飘浮的女人。她来到包黑身边，吹黑松油灯，躲在柱子后边。包黑见灯灭了，一惊，四周一片漆黑，什么也看不见，心想：难道这里真有鬼？但包黑毕竟是一个铁胆的人，他重新点着松油灯，拿着灯四处寻找。那女鬼再次拿了包黑的书，躲在角落里。包黑回到椅上，不见了书，更是大吃一惊，但他又很快冷静下来，对空叫了一声："谁？"只见他开头看的那本书又飞了回来，在包黑头上转了几下，然后才落到桌上。包黑觉得好奇，又重新叫了一声：
"谁？谁在这里面请快出来。"眨眼间，一个女人站在他面前，
包黑问道："你是谁？从哪儿来的？"那女鬼见包黑如此大胆，
就说道："我是鬼。"包黑笑道："难道你以为我怕鬼吗？"女鬼
见包黑这样一问，就呜呜哭诉起来，说："我是冤鬼。"包黑又
说道："你有何冤情？请细细说来。"于是那女鬼哭泣着诉说
起来。

　　原来这个女鬼的名字叫花香，住在这座山脚下的一个小
村庄，生活贫穷，养成勤俭朴素的习惯。她和同村的后生仔明
哥相好，准备在年尾结婚。村里的大恶人王鬼财，倚着父亲是
当朝丞相，仗势欺人，无恶不作。他对花香早已垂涎三尺，恨
不得一下占为己有。如今，听说明哥要和花香结婚，就想出一
条恶毒计谋。他带领打手找到明哥家里来，说明哥的妈生前
欠他一笔债，现要明哥还清债务，连本带利是五百四十两纹
银。明哥哪拿得出这么多钱，就这样，王鬼财把明哥打入了死
牢。他还带领打手闯入花香家里，拿出伪造的债单，说花香的
前世母亲欠他五百箩谷，至今尚未还清。花香的父亲哪里肯

信,拿过债单一撕扔在地上。王鬼财奸笑一声,说:"抢!"那些平日一贯作恶的家丁一拥而上,把花香抢走抵债。花香的父亲哪里肯依,扑上去要把女儿抢回来,不料被王鬼财一脚踢倒,一命呜呼。王鬼财把花香抢到家门口,命家丁把她锁入房间,花香便一头撞死在王鬼财家的墙壁上。花香说到这里,已是满面泪水。包黑听她说完,也为这个冤鬼感到可怜。冤女花香请包黑为她击鼓鸣冤,包黑当即下定决心要为这个冤女告状。这时鸡叫三遍,冤女花香说道:"为我告完状后,明年清明时请来这庙里,我们再会一次面,你来时请拿三片石头互相击撞,我就出来了,现在我要走了。"说完就不见了。

这时候天已大亮,包黑当即整理包袱,立即动身,来到当地县衙门前,击鼓告状,但因王鬼财早已给了县官钱财,又因王鬼财的父亲是当朝丞相,不好惹,所以县官把包黑赶了出去。但是包黑下定决心,一定要为冤女打赢官司。包黑来到京城,经过考试,终于金榜题名,中了状元,官位大于王鬼财父亲。他不忘当年冤鬼诉说的冤情,把王鬼财和那些平时作恶多端的家丁判处死刑,把贪钱财的县官削职为民,又把明哥从死牢里救了出来。到了这年清明节,包黑记住冤女当时说的话,来到了当年的庙里,当即拿了准备好的三片石头互相击撞,那个冤女又出现了。包黑将为她申冤的事说给她听,她当即下跪,包黑忙扶住她。就这样,这个冤女才申了冤。后来,包黑把这座庙修整了,定名为"申冤庙"。

包公与鬼故事的内容,传奇而富有特色,很受民众欢迎,这类故事大多反映了老百姓对包公的崇敬,同时也寄托自己的理想和愿望。此类故事还有范仲淹、王羲之、王世贞、仇十洲、陆稼书等人,他们与鬼的故事同样十分吸引人的注意。[①]

另外,在普通的鬼故事里有关官吏判案的同样很多,反映了鬼文化的神秘色彩,非普通老百姓能够加以解决的,更多地希望当官的能够帮助解决他们需要解决的问题。[②]

《巧断冤鬼案》说了这样一个故事:江南有一个小村庄叫百龙庵,村里住着一户姓李的人家,家里经常闹鬼。那鬼

---

① 《中国鬼话》,上海文艺出版社1991年,第544—565页。
② 《中国鬼话》,上海文艺出版社1991年,第532—533页。

闹得可凶呢,甩打着房里的东西,还反复吟着一句上联,边吟边哀叹,闹得李家惶惶不安,没有人敢到那间房里去。一天傍晚,一位商人模样的人来到李生家借宿,李生就把闹鬼的房间借给他住,想借他来冲冲鬼气。晚上,那位商人走进房间,闩上门,准备读书。忽然听见一种窸窸窣窣的声音,好像有人在房间里走动,商人抬头一看,只见人影,就仍旧伏案读书。不一会儿,又听见那种声音,他放下书,侧耳细听,似乎是一位少妇在哀怨地、低沉地反复吟着一句上联:"白蛇过江,头顶一轮红日……"似乎在思觅对联。商人站起身,寻声找去,那声音似乎在床背后,又似乎在楼上,远远近近,忽高忽低,叫人捉摸不透。忽然商人看见楼门口有一双小红鞋在晃动。商人厉声问道:"你是人是鬼?快说!"楼上少妇如泣如诉地说:"先生,我是屈死鬼,请先生为我鸣冤。"接着又吟着那句上联。这时商人看见一杆大秤挂在墙上,应声就对道:"乌龙挂壁,身披万点金星。"那女鬼长叹一声道:"谢谢先生指教,请先生为我鸣冤。"说完长啸一声,飘然而去。

　　商人胡乱地睡了一夜。第二天早上,他问房东李生是怎么回事,李生只好如实相告:原来李生在前年腊八结婚那天,晚上新娘周氏想考考李生学问如何,就指着新房里的"万年灯"出了一上联:"白蛇过江,头顶一轮红日"。李生思索很久也无法对上,他羞愧难当,不好意思进房,只好回到学堂去睡。他一到学堂,被同学们取笑了一阵,又读了一会儿书,就在学堂里睡了。第二天一早,李生回家洗脸,周氏问他昨晚为什么赌气走了,深夜里又回来了。李生惊愕地分辩说:"我根本没有回来呀!"周氏一听,两颊绯红,知道受骗被辱了,就回到新房里,关上门上吊死了。商人听到这里就问李生:"你的同学中有几个人和你年纪、身材相仿? 家住哪里? 你媳妇死后,他们心情怎样? 他们家到学堂的路是怎样? 都叫什么名字?"李生如实相告。商人和李生判断出一个可疑者并相约在今晚如此这般设计捉拿冒名顶替之人。当天晚上,天上下着大雨,又打雷又落闪,漆黑一团。十点多钟,一个名叫张奇的接到家里人带来的口信说他母亲得了急病,叫他连夜回去。张奇听了这句话,就急急忙忙地往回走,刚走到坟地,就见电光一闪,一声响雷,接着是一声刺耳的口哨声,电光中有一个披头散发的女鬼,正是死去的周氏,一步一步地向他走来。张奇一看吓得魂不附体,"扑通"一声双膝跪下,连连叩头求饶说:"周娘子饶命,周娘子饶命,我不该骗你。饶命啊,娘子!饶命啊,娘子!……"张奇正在磕头求饶,就听见身边有人在冷笑。张奇一看是李生和那个商人。在商人和李生的追问下,张奇便一五一十地交代了那天夜里的事情。第二天一早,李生约商人一起去知县那里状告张奇。李生到商人房里一看,商人已经走了。李生只好一人到县衙里去了。李生来到县衙一看,张奇已被逮来受审了。坐堂审问的县官就是那商人。原来,县官听说李生家里闹鬼的事,就乔装改扮成商人来李生家私访,设计巧断了此案。从此,李生家就再也没闹鬼了。①

由于他们都是普通的官员,老百姓中的影响也不大,因此在鬼故事里,他们一般都用官名替代。

---

① 徐真编,《鬼话》,上海文艺出版社 2001 年,第 127—129 页。

第四篇 习俗与鬼相

鬼是一种精神幻体，但是却与我们的生活有着密切的联系。这不仅表现在古老的世界里，也同样表现在当今社会的许多方面。

鬼节溯源

节日与鬼联系在一起似乎有点不可思议，其实说到底，诸多节日的起源与鬼文化或多或少有一定的牵连。只不过，由于有些节日起源甚远，人们不愿意或者已经不了解节日与鬼文化的关系了。

春节是中国最有影响的节日，也许人们可以找到它与岁时、农业等的关系，但是从文化学的角度来说，它与鬼联系在一起也千真万确。不信，有则传统的民间故事《大年除夕放爆竹的来历》就很能够说明问题：每年的大年除夕夜，人们总是放些爆竹；第二天清早见面时，总是说声"恭喜"。这是为什么呢？这里流传着一个故事。以前，不知从什么地方来了个鬼，这个鬼身高足有丈余，披头散发，血红的长舌垂到肚脐,浑身长满黑色的长毛,样子非常可怕。这个鬼专门吃人,每逢大年除夕,就趁人们一家团聚时窜进村子里吃人。不几年,许多人就被鬼吃掉了,人们害怕得关紧大门不敢出来。日子长了,人们也了解到这鬼最怕的是响亮的声音。乡亲们商量,当鬼来时,就打响锣鼓、铜钹之类的东西,但这些声音毕竟太小,开始还吓了鬼一跳,后来鬼听了再也不害怕了。于是人们又想出一个办法,大年除夕前一两天,家家户户要准备一些大爆竹,当鬼再来时,一齐燃放爆竹,结果吓得鬼慌忙逃跑了。第二天清早,人们发现彼此还在时,总是惊喜地说:"你也没被恶鬼吃掉吗? 恭喜呀!"这就是大年除夕放爆竹的来历。

其实过去在很多地方的大户人家在除夕的时候要挂上钟馗画,这本身就是一个例证。传说唐明皇自骊山讲武回宫,疟疾大发,梦见二鬼,一大一小,小鬼穿大红无裆裤,偷杨贵妃之香囊和明皇的玉笛,绕殿而跑;大鬼则穿蓝袍戴帽,捉住小鬼,挖掉其眼睛,一口吞下。明皇喝问,大鬼奏曰:"臣名钟馗,即武举不第,愿为陛下除妖魔。"明皇醒后,疟疾痊愈,于是令画工吴道子,照梦中所见画成钟馗捉鬼之画像,通令天下,一律张贴,以驱邪魔。因此大家都知道,钟馗是一鬼,而且还会吃鬼,因此被用来作为驱逐鬼魅的符号。在春节前夕挂钟馗画,这也说明春节与鬼文化有着很密切的关系。

清明是中国人怀念故人的节日。在这一天,人们要用各种办法来祭祀已故先人,如献花、献歌、点烛、上香、祭酒等。

清明节也是鬼节,中国人将清明、中元节和寒衣节称为三大鬼节。清明是百鬼出没讨索的时候。人们为了防止鬼魅的侵扰迫害,就用插柳戴柳的方法来辟邪。柳在人们的心目中有辟邪的功用。柳可以却鬼,又被称为"鬼怖木"。北魏贾思勰《齐民要术》里说:"取柳枝著户上,百鬼不入家。"清明既是鬼节,值此柳条发芽时节,人们自然纷纷插柳戴柳以辟邪了。

端午节的起源,按照一般的说法,是祭祀屈原而设立的。如果这一说法成立的话,也就可以看出,端午节与死人往往是联系在一起的,同样具有鬼文化的色彩。另外,中国的传统认为五月五日是恶月恶日,所谓恶月恶日,也就存在有鬼魅攻击的可能,为了防止鬼魅的侵袭,就有了以五彩丝系臂的习俗。应劭《风俗通》记载:"五月五日,以五彩丝系臂,名长命缕,一名续命缕,一名辟兵缯,一名五色缕,一名朱索,辟兵及鬼,命人不病瘟。"按照《易经》等典籍记载,阴恶从五而生,五月五日恰恰是阳气运行到端点的端阳之时,这种日子恶疠病疫多泛滥,因此,这一天人们便插艾叶、挂菖蒲、喝雄黄酒、佩香囊等,以驱邪辟邪。

同样的端午节,在江淮地区,家家都悬钟馗像,用以镇宅驱邪,成为这一地方的端午节习俗。相传钟馗为唐代人,到长安应试考中状元,因其貌不扬被废,愤而触殿阶亡。后来他托梦给唐明皇,决心歼除天下魔鬼。当时皇宫内正闹鬼邪,唐明皇召大画家吴道子依梦中所见,画《钟馗捉鬼图》,并将此画悬挂后宰门用以驱妖镇邪,宫中遂得安宁。唐明皇加封钟馗为"驱魔大神",钟馗像因此遍行天下,剪除鬼魅,立下大功,后神话传说被玉帝封为"驱魔帝君"。人们在端阳节悬挂钟馗像,用来镇鬼避邪,希求家庭平安。

七月半是传统的鬼节,道教称之为中元节,佛教称之为盂兰节,时间定于农历七月十五,俗称七月半。传说此日阴曹地府放出全部鬼魂,而在这一天人们会在天黑之前回家,这样就不会遭受灾祸。在云南玉溪,有一句俗语"六月的水,七月的鬼",说的是农历六月雨水多,七月"鬼"多,说人死了变成鬼,每年农历七月初一,阴间放假,鬼可以回到自己人间原先的家里探亲。还有的地方,在七月初七就要通过一定仪式接先人鬼魂回家,每日晨、午、昏,供三次茶饭,直到七月十五送回为止。为此,民间普遍进行祭祀鬼魂的活动。过去凡有新丧的人家,要上新坟,而一般在地方上都要祭孤魂野鬼,其中最隆重的要数晚上放河灯活动。河灯是利用纸做成彩灯,点上蜡烛,有的写有亡人的名讳,放在水上漂流,传说这样做可超度亡灵。这天,祭祀祖先之后,还要举行家宴,合家团坐,共进晚餐。

在新加坡,整个农历七月人们一般不动土,不置业,也不出游;也不管天气多热,去游泳池的人也是很少的。人们在这一个月里会多加一两件金饰来避邪,说话时尽量避免说出不吉利的字眼。他们相信农历七月初一是鬼门大开的日子，其间鬼魅会自由往来于阴阳两界。正因为如此，在一些社区要举办中元庆赞，不但有摆贡品、点烛焚香等祭拜仪式，还有唱歌台与中元节喊标等活动。唱歌台的主要目的是娱乐鬼兄弟，据说早期的歌台是唱大戏，现在已改成唱歌，而且多数是流行歌曲。

可以看出，中元节是一个非常地道的具有中国文化的鬼节。

寒衣节（十月朔），亦称冥阴节，是一年中的三大鬼节之一。上坟祭祖，最主要是制冥衣，买纸扎成"寒衣包"、"金银包袱"，在包袱外面写上地址，某某人收，然后晚上在门前烧，是这天的主要活动。老北京人照例要给亡故的祖先"送寒衣"。过去北京有句谚语叫"十月一，送寒衣"。这种风俗早在明代刘侗的《帝京景物略》中就有了记载，而且写得很详细。

关于寒衣节还有各种传说，其中一则是这样的：孟姜女的丈夫杞梁应官府征役去修筑长城，孟姜女在十月初一这天启程,给远在千里外的丈夫去送衣御寒。等她来到筑城工地,获知丈夫已劳累而死并被埋进长城脚下后,号啕痛哭,竟使长城城墙坍倒,使她得以收葬丈夫尸骨,然后投海自尽。百姓闻此深受感动,以后每到十月初一这天,便焚化寒衣,代孟姜女寄送给亡夫,从而逐渐形成了追悼亡灵的寒衣节。

因此,寒衣节也与鬼的文化传统息息相关。

类似这样的节日与鬼文化的关系还可以列举许多。在国外这样的例子也同样存在,比如万圣节就是很典型的鬼节。

万圣节来源的版本还不算众说纷纭。万圣节源于公元前的古西欧国家,主要包括爱尔兰、苏格兰和威尔士。这几处的古西欧人叫德鲁伊特人。德鲁伊特的新年在 11 月 1日,新年前夜,德鲁伊特人让年轻人集队,戴着各种怪异面具,拎着刻好的萝卜灯(南瓜灯系后期习俗,南瓜原产地为美洲,古西欧最早没有南瓜),他们游走于村落间。这在当时或许是一种秋收的庆典,当然也有说是"鬼节"的,传说当年死去的人,灵魂会在此夜造访人世,所有篝火及灯火,一来是为了吓走鬼魂,同时也是为鬼魂照亮路线,引导其回归。

美国是最重视庆祝万圣节的国家,尤其是纽约,每逢万圣节前夕,都会举行大型游行,有专门的网站详细介绍游行线路和注意事项,当地电视台更会现场直播游行盛况。整个纽约市充满鬼声鬼气,大街上吸血鬼穿梭、女巫婆骑着扫帚还会带着黑色的猫,到处鬼影幢幢,飘游着披头散发的各路鬼怪,令人魂飞魄散。小孩装起钟楼怪人或化身博士的样子挨家挨户敲门吓人,门一打开"小鬼"会做出吓人的表情说出那句:trick or treat!(不款待就捣乱。)邻居们不管是否被吓着,总是准备了一些糖果、苹果等,孩子们则一一收入自己的袋内。

禳除恶梦鬼

做梦是一种自然现象,梦有梦神,亦有梦鬼。民间一般认为恶梦多是鬼作祟。在很多情况下,梦中所出现的鬼,往往是死去的人。

《周礼》和《汉书》中的"傩欧疫",有一种禳除恶梦鬼的宗教仪式。所谓"伯奇食梦",就是说伯奇之神追赶恶梦鬼,要剥它的皮,要抽它的筋,最后要吃掉它的故事。

据说,宋代有一种专门吞食人梦的梦鬼,名叫"食梦兽"。其实,食梦兽,详其状,实为鬼也。好食人梦,而口不闭,常伺人凌晨说梦,善恶依之。

在云贵地区田野调查中,发现有这种信仰,例如有人认为恶梦为鬼作祟。梦鬼名曰"密加尼"。凡有恶梦者,无不禳祭此鬼。祭物通常是猪一口、鸡一只,两者还要一牡一牝,然后把"密加尼"送往东方。梦鬼既然吃了人家的猪肉、鸡肉,被打发走了,恶梦也就不会有灾祸了。在海南岛,也有人相信:妇女身上附有一种"梦鬼",这种梦鬼由于贪吃而去作弄别人生病,病人要请道公来拜祭一番,梦鬼饱吃一顿之后就离开所附妇女的身体。

梦在封建社会里是一个完全没有被理解的现象,因此梦也会与鬼联系在一起,由于它与人们的生活紧密相连,则被认为是鬼神存在的最有力的证明。根据梦的活动,据说可以

"证明"灵魂的存在；肉体死了，据说灵魂就成了鬼魂；灵魂升天，据说又变成了神灵。而占梦就是根据梦象揭示神灵鬼魂之意。这样，占梦实际上成了各种鬼神观念的最后避难所。人们只要稍微留神一下就会发现，现在很多人并不相信这种宗教或那种宗教，也不相信什么风水、相术，但是他们对梦总有一种神秘感。他们因为做梦而总觉得有一种不可捉摸的力量同自己打交道，进一步总想知道自己所梦的东西是一种什么预兆。一个人只要迷信占梦，就不可能真正同鬼神观念划清界限。

为什么会有鬼梦的出现，在古代就有许多理论家进行探讨。东汉时期王充《论衡·订鬼篇》说：

> 人之见鬼，目光与卧乱也。人之昼也，气倦精尽，夜则欲卧，卧而目光反，反而精神见人物之象矣。人病亦气倦精尽，目虽不卧，光已乱于卧也，故亦见人物象。病者之见也，若卧若否，与梦相似。当其见也，其人能自知觉与梦，故其见物不能知其鬼与人，精尽气倦之效也。

在这里，所说的梦鬼与夜卧有关。王充认为，人之所以见到鬼是因为夜里的目光与白天的相反，所以容易见鬼。生病的人"若卧若否"，因此也很容易见鬼，而这样的状况与梦相同；换句话来说，梦里见鬼同样很容易。

清代熊伯龙《无何集》有《梦辨》四篇，主要是根据《论衡》提供的材料批判占梦迷信，探讨了梦的精神心理原因，其中"忧乐存心"的提法给人以新的启示。他提及，《订鬼篇》曰："凡天地之间有鬼，皆人思念存想之所致也"，至于梦也是"思念存想之所致"。日有所思，夜有所梦，这是普遍的生活常识。

在传统意识里，鬼能够暗示某种现实生活，利用这样的暗示，反映一种对社会的态度。如《谐铎》卷九《地师身后劫》：

> 豫章王晋，清明日挈眷上冢。冢后旧有荒坟，低土平洼，棺木败露，未识谁氏。王有儿昭庆，见其地野花盛开，戏往摘之，踏棺陷足，骸骨碎折，惊而大号。王抱之出。既而归家，儿寒热交作，王就床

头抚视。儿忽色变,怒目直视曰:"吾罗汉章,堪舆大名家也。生前轩冕贵人无不奉为上客。尔一式微寒族,辄纵乳臭小儿,践我坟墓,躏我骸骨,罪何可宥!"王急谢罪,许以超荐。曰:"此恨已入骨髓,必索其命乃止。"王伏地哀泣,终无回意。不得已,保福于都城隍庙。夜梦城隍神召之去,曰:"尔束子不严,应罹此祸。然厉鬼擅作威福,亦干阴司法纪。"命拘罗。亡何,一鬼至,侈口蹙颈,殊非善类。神责其何以作祟。鬼滔滔辩答,不竭于词。继问其生前何业。曰:"地师。"神拍案大怒曰:"尔生前既作地师,何不能择一善地,自庇朽骨? 想此事尔本不甚明了,在生时无非串土棍,卖绝地,被害者不知几千百万家。今日断骨折骸,实由孽报,非其子之罪也!"鬼力辩其无。亡何,阶下众鬼纷来诉告,有谓葬如鸡栖,而伤其骸骨者;有谓玄武藏头,苍龙无足,而灭其宗嗣者;有谓向其子孙高谈龙耳,以至停棺五六十年,尚未入土者。神勃然变色曰:"造恶种种,罪不容诛!"命鬼役押赴恶狗村,受无量怖苦。
众齐声称快,叩首尽散。神谕王曰:"幸渠自有业
报,否则尔子亦不能无罪。义方之训,后不可不严
也!"王拜谢而出。下阶倾跌,忽焉惊醒。起视其
子,言笑如初,而病已愈矣。

事实上,这样的事情是不存在的,而作品却用离奇的梦,
将现实与梦境联系在一起,内容虽然荒谬,但是却爱憎分明,
表现对作恶者的惩罚,还是有一定积极意义的。

在原始文化里,梦是一种人与灵魂的分离,除此之外,梦
还能够鉴别出杀魂者,这在一些少数民族文化里还能够找
到。所谓杀魂者,本是非常难以辨别,能够在梦里加以区分,
这是原始文化留下来的早期人们的经验和体会。原始崇拜
中还存在着朴素的灵魂观念。他们认为人分为灵魂和肉体
两个方面,灵魂可以离开肉体,如做梦就是灵魂离开肉体去
游荡;当灵魂抛弃肉体时人就死亡,因此当人生病时他们就
"叫魂",以使灵魂不要抛弃肉体;人死后就要"送魂",把灵魂
送到大森林中去。根据这种灵魂观念,民间有"杀魂"之说。

他们认为有所谓"扣扒"(杀魂者),这种人的灵魂是一只鹰,它能把别人的灵魂"勾走",从而让这个人死去。由此他们十分恐惧和痛恨"扣扒",如认定谁是"扣扒",就要将之杀死或逐出村寨。怎样识别"扣扒",办法之一是根据梦境,如甲在梦中见到乙,甲次日即生病,那么这就证明乙是"扣扒"。由此可见,人们以十分朴素但又十分尖锐的方式提出了灵魂与肉体、梦境与现实的关系问题,这也包含着哲学意识的某种萌芽。

驱鬼治病

从现代科学来说,治病与鬼没有或者说根本没有关系,但是在早期,人们却不是这样想的,生病就是鬼作祟的结果,如果要治好病,就必须将鬼驱除出身体。

过去驱鬼治病的方法:通常有病的人,都认为一定有鬼作祟,小病时一定请巫师或者巫婆来家做一次拜鬼活动。如果病不痊愈,还会到庙里去求签上供。在有些地区,巫师也懂得用山草药,会找些山草药吃,帮助病人治疗;如果再不痊愈便要做大法事。这种拜鬼除病的过程和仪式很简单,普遍是用鸡或小猪一个,饭三团,三茶五酒加元宝香烛,巫师头戴道帽(帽的四方长约七八寸,镶有花纹并饰以一些玻璃小镜,可以折起来),但没有道袍。看病者犯什么鬼缠,便请那种鬼来领祭品,巫师动起碗杯,得到"阴、阳、教、飞"后,算是那种鬼已降临,再焚烧元宝便算完毕。

俗信,驱逐瘟鬼还可以治病。

在湖南,一阴阳师父经过卜卦,知道因为生他而使龙蛇童子冲破地狱出来害人,感到非常难过。为了不使人们受害受苦,他千方百计想办法惩治这些邪恶鬼。后来听说唐、葛、周三兄弟会喃巫经赶鬼治病,把太后医好后,皇帝封他们为三元真君。于是,他便去拜三元真君为师,随他们在梅山学法,学成后回到家中,为邻里乡亲赶鬼治病。但自己又想,龙蛇童子有一帮小鬼,到处去作恶,仅靠自己一个人,哪里能赶得了这许多邪鬼?再说自己也是要死的呀,想来想去,只有代三元真君传播赶鬼法术,带出大批徒弟,代代相传,这样才能够时时处处有人赶鬼治病。于是他便和特瑶出游，发展徒弟入教，凡是入教的徒弟——师公，都要学会赶鬼治病，一代传一代。这样，壮族便有师公赶鬼治病这个习俗。

清心禅僧撰《一得集》卷中医案《沈某神虚痫病治验》：

> 山阴沈某年四十许，偶一烦劳，则痫病即发，神不自主，谵言妄语，不省人事，或语鬼状。诊之两寸空大无伦，两关弦紧，舌中心陷有裂纹。余谓病属虚症，神不守舍，神虚则惊，非有鬼祟。神气浮越，故妄见妄言。

《丹溪心法》是元代著名医家朱丹溪的一部重要著作，该书卷三《梦遗四十五（附精滑）》记，"梦遗，俗谓之夜梦鬼交，宜温胆汤去竹茹，加人参、远志、莲肉、酸枣仁、炒茯神各半"即可消病。其实，现代医学，根本不会承认梦遗与"夜梦鬼交"有关。但是在相信鬼神的元代社会，用此解释，已是十分"科学"。

在很多古代医书里，生病就是遇见鬼神。如疟疾，被称为疟鬼作祟。《临证指南医案》卷十《幼科要略》:"凡壮胆气,皆可止疟,未必真有疟鬼,又疟邪既久,深入血分,或结疟母,鳖甲煎丸,设用煎方,活血通络可矣。"

普通民众同样认为,疼痛与鬼有关。"尸厥者,谓忽如醉状,肢厥而不省人事也。卒痛者,谓心腹之间,或左右胁下,痛不可忍,俗谓鬼箭者是。"(《中藏经》卷下《疗诸病药方六十道》)

赶鬼风俗

赶鬼,也称为驱鬼。

赶鬼风俗是社会上长期形成的风俗,是一种特殊的文化现象。它是在漫长的历史中自然形成的文化。风俗一旦形成,便具有超时代的稳定性,既不能随心所欲地创造,也不能轻而易举地禁绝。而且,任何一种风俗,都有深刻的地域印记和鲜明的民族特征。有关鬼的风俗当然也不能例外。

驱赶鬼魅,在商周时期就有流行。《吕氏春秋·季冬》记载,天子冬季举行驱傩仪式:"命有司大傩,旁磔,出土牛,以送寒气。征鸟厉疾,乃毕行山川之祀,及帝之大臣、天地之神祇。"赶鬼,古代又称之为驱傩,是一种驱逐疫鬼的仪式,后慢慢地演变成为巫舞,成为民间驱邪、祈福、喜庆的舞蹈,至今在福建、江西、安徽等地依然保留着这一古老艺术。在农事节庆时,村民常以跳傩舞自娱自乐,其实,这就是数千年之前用来驱逐疫疬之鬼的。

赶鬼的意义有两个:一是驱逐病魔;二是消除灾难。

◎ 驱逐病魔

这种赶鬼也流行于广东连南地区。当地民间认为,疾病缠身是由于恶鬼作祟。备小鸡一只、米一斤和酒、香纸等,请一名巫师(俗称"先生公")在路头作法,将鬼赶走,俗称"初赶鬼"。如病人的病未见好转,进行第二次赶鬼(当地人也称"君油漆")。备一只鸡、一斤米和酒、油豆腐、香纸等,请一名巫师于晚上念经祈祷。第二天早晨再备鸡、酒到村寨附近的山冲(民间称"黑面冲")参拜黑面公、黄面公、白面公三恶鬼,祈求他们饶恕病人。如病人的病还没有转机,进行第三次赶鬼(俗称"大赶鬼"),请三名巫师作法事。白天在家中摆饭、米、酒、青菜、黄豆、火炭、鲜血(牛、猪或鸡血)各四碗,碗油灯四盏,共三十二碗,另有一盆生牛嘴、生牛耳、生牛脚供祭恶鬼。巫师们各捧一碗酒、一碗肉,边念经边吃喝,以示赶鬼。晚上再用牛头等祭品,到山岗念《飞大白虎精》赶鬼。

如果村里病疫流行,全村请巫师作"赶瘟鬼"法事。用猪一头、鸡一只、米五斤、酒几斤等祭品。巫师念经后,带领手持竹刀、竹炮的民众,逐家逐户搜捕瘟鬼。入屋后,取主家一些鸡毛、木炭、盐巴之类,放入竹篾所编的"送瘟鬼船"中,最后将此船抬到村尾(俗称"龙尾")烧掉,象征全村各户瘟鬼已捕尽赶走。

广西有油锅赶鬼这一习俗。旧时有人得急病怪病而死,或因跌打刀伤而死,就认为是有鬼来害。因此必须过油锅赶鬼(其实是消毒的一种),后代子孙才能避免灾难。其做法是在房间里用火砖架起一个大锅,锅里放五至十斤油(茶油最好),叫全家人都到场,用柴火煮沸,师公便请神喃巫经后,口含烧酒喷过沸油锅里,使火焰过及整个房间。连喷三次后,便转移到别的房间。房间喷完移到厅堂,最后到大门口。喷完后三天内家人不要出门,也不让生人进家,这样全家就可除难消灾了。

在广西,有人生病,还举行一种"赶鬼追魂"的活动。人生病,被认为是因事触犯了鬼,被鬼摄走了灵魂,因此要请法师来举行"赶鬼追魂"的仪式。法师先请神,请到神后,就戴上那位神的面具,一边舞蹈一边歌唱念经,有时还作出一些滑稽动作或说粗鲁话。经过法师的跳鬼活动后,恶鬼就会赶走,病人的灵魂就能追回来。

还有一种治病巫术,叫"赶鸡鬼"。民间俗信,女巫每月初一、十五将一只活鸡投于瓮中喂养,称为"鸡鬼"。人们认为,鬼婆会经常放鸡鬼出来害人。凡遇人患疟疾,忽冷忽热或发高烧并且长期不退时,便认为是"鸡鬼入身"。患者便恳求被认为是鬼婆的村妇将鸡鬼召回,或请巫师、巫婆来驱逐鬼怪,名曰"赶鸡鬼"。

民间还有一种"赶禁鬼"习俗。当某个女人被视为"禁鬼"被"查出来",并在威迫下承认后,全村的民众便纷纷来赶禁鬼。她背着一块大树皮走在前头,民众跟在后面,鞭打树皮,有的敲锣打鼓,有的朝天开枪。一到河边她就跳到河里去。赶禁鬼的民众则埋伏在河两岸装作瞄准射击。不久,她又把自己的衣服丢进河里让水冲走,然后穿着男人的衣服回来,就认为"禁鬼"被赶走了。

另外,民间还流行"赶鬼下水"习俗,又称"赶鬼出村"。农村遇瘟疫年,村里死人多,旧时认为是野鬼闹事。于是遵照巫师、巫婆旨意,全村男性青壮年各个赶制木刀一把,选定"人盛鬼衰"吉日,由若干巫师带队,各个涂花脸一齐出动,手舞木刀木棍,喊出威武雄壮的赶鬼吆喝声,逐家逐户、逐街逐巷搜索。每件家具、每个屋角都敲打,使鬼无法藏身。在呼声嗨嗨中,群胆群威,把鬼押出村寨,赶进深潭泉洞把鬼淹死。赶鬼法事毕,将木刀木棍等打鬼武器集中一处付之一炬。带队道公郑重宣布:所有恶鬼全部赶走淹死,大家放心回家,以后不再有恶作鬼。赶鬼队伍才顺利回村。

驱鬼还需要一种模拟仪式,以象征鬼已被驱逐。这种活动可以使得人们的心理得到极大的满足,并且得到一种慰藉。如流传于浙江西部的叫"驱半日鬼"的形式。所谓半日鬼,就是引打摆子(又称疟疾)的鬼,或者说打摆子疾病是因半日鬼作祟所致。如果患者久病不愈,就要举行一种仪式。患者要一大清早,突然从床上跳起,赤脚直奔野外,解除事先缚在腰间的草绳,缚诸树上,急转身,跑步回家,路上不得回头观看。民间以为这样可以将半日鬼缚于树上,身体便会慢慢好起来。

四川驱鬼时,常以草人代替病者,有的草人还穿上纸衣,下着纸裙或纸裤。驱鬼之后,常把草人放在路边,或十字路口,或挂在树上。巫师替人驱鬼时,还要将一条线拴在病者颈下,表示病者被某种鬼纠缠,举行过驱鬼仪式,巫师要用刀将拴在病者颈下的红线解开,拴在要被抛弃的当病者替身的草人颈下,表示鬼已被赶走,病人获得解放。

这种将生病与鬼联系在一起的信仰,是很多地方都有的。人们头晕、头疼、肚子痛,便认为触犯了鬼,就要请巫师驱鬼,在一棵枝叶茂盛的大树下,搭一个有楼台的竹房子,用一碗米、一点盐巴煮熟,并杀一只黄鸡来血祭,以便摆脱魔鬼的纠缠。当人们眼睛红肿时,就认为犯了月亮鬼,就请巫师用竹笋壳数片剪成像月亮那样的圆盘形状,再以白石灰画上圆圈图案,用一根竹竿夹住,送至月出的方向,祈求免疫。当人们的手脚浮肿,全身起泡时,则认为触犯了水鬼,亦需巫师来主持驱鬼仪式。需要搭一个竹篾台架,系上红、黄、绿、白等彩线,用一木棍插在寨边水潭深处,由巫师念咒语,杀一只红公鸡祭祀,病即痊愈。

在驱鬼时,人们总要先祭祀一番后,才能达到目的,其实这是典型的模拟巫术,是在原始宗教中尤为突出的部分。人们认为,鬼与人一样都需要贿赂才能够得到想要的结果。如果不进行祭祀,鬼才不会让人得到想要的目的。

为了真正达到目的,必须要实施驱鬼仪式,而其前提是祭祀。这种情形,在原始宗教中尤为突出。人们在治病驱鬼的时候,要杀鸡或杀猪,并把米饭、碎肉摆放在地上,一系列的准备工作做好之后,将饭和碎肉撒向四处让鬼吃,随后,回到病人家门口。这种赶鬼之后，就意味着驱鬼仪式全部结束。

◎ 消除灾难

"赶旱魃"流传于古代的传统民俗。

《说文》："魃，旱鬼也。"《诗经》孔疏引《神异经》："南方有人，长二三尺，袒身而目在顶上，走行如风，名曰魃。所见之国大旱，赤地千里。一名旱母。"

袁枚《续子不语》又说："尸初变旱魃，再变即为狐。"

纪晓岚《阅微草堂笔记》卷七："近世所云旱魃，则皆僵尸，掘而焚之，亦往往致雨。"

值得一提的是，"魃"多与"旱"组合，极少单用。即使单用，还是"魃"不离"旱"。它是民间传说中造成旱灾的鬼怪。为了求雨，由一人装扮成鬼怪"旱魃"，藏匿在树丛中。巫师率领民众，敲锣，呼喊，遍山进行搜索。此人被找到时，必须在前面奔跑，巫师则率众在后面追赶，直到其筋疲力尽被捉为止。这象征着旱魃已被赶走，雨即可降临。

　　在山东,过去每遇干旱,把新埋的尸体当旱魃打的风俗十分普遍。据《大清律例·贼盗·发冢》的记载,清嘉庆九年(1804 年),高密久旱不雨,有人发现年初病故的村民李宪德坟土潮湿,便纷传李死后变成了旱魃。各村民众不顾李家阻拦,刨坟开棺,见李的尸体尚未腐烂,更加确信李就是旱魃,不由分说将尸体烧毁。李家将掘墓者告上公堂。此案无成例可循,最后刑部将领头人仲二以"发冢开棺见尸律"判了个"拟绞监候"罪(相当于现代的死缓罪),才将此案了结。

　　驱鬼是一种民俗活动,更确切地说是一种原始宗教仪式活动,因此十分讲究形式和时间,以达求安驱病之目的。因此,驱鬼的活动,其功利性很强,一般都是起因于现实中无法解决的问题,故借鬼神帮助。

　　在澳大利亚,土著居民们过去总要举行一年一度的祭祀来逐走死者之鬼,这是一场幽灵的春季祭扫。19 世纪对此类祭祀的记载如下:"一支二十人的老老少少的合唱队一边演唱一边用飞镖打着拍子,突然,从一席树皮底下猛窜出一个用土涂满身子的男人,他的头上脸上画着红红黄黄的线

条,头顶着一只约一米高的用木棍绑上羽毛装饰而成的花
冠。他静静地伫立达十分钟之久,昂首仰望青天。一个站在
我身边的土著告诉我,那人是在搜寻死者的灵魂。后来,那
人开始缓缓移动,然后又以极快的速度来回扭动着,挥舞着
一根树枝,好像是在驱逐着某些我们看不见的有害之
物……"①又进行一些仪式之后,土著们就相信他们已经做
到至少在一年之内使鬼魂无法靠近了。

　　在中国,贵州也流行一种叫做"扫寨"的大型驱鬼活动,
一般是在春夏瘟疫流行的时间或秋收之后,有时在遇瘟疫时
亦举行,但更多的是定期举行。所谓扫寨,就是扫除恶鬼和
灾星。人们认为瘟疫的流行、灾祸的产生是由于恶鬼的作
祟,只有祭鬼、驱鬼才能保佑人畜的平安。有的地方在九月
九进行扫寨,用猪、牛祭扫,三天内不许拿水、火外出。若村
内人员因有事外出,必须三天后才能返回。一般在春秋季节
举行攆寨鬼。这期间因为瘟疫传染病较流行,他们以寨子为

---

① 郝舫,《鬼文化》,上海文化出版社 1988 年。

单位请水书先生念经,挨家挨户驱鬼,直到认为把恶鬼撵出村子为止。在三天至七天的时间内,不许外人进村。黔东南许多地区在秋收后都要洗寨,目的是扫除火灾。到时,巫师逐户赶鬼,同时有助手二人用水将各家的火淋熄,扫毕再有人去买火种。

驱逐恶鬼的时候,人们会在栅门上画着刀或写上一些咒语,表示借助刀和咒语的魔力抵抗恶鬼进入村寨。此外,还有一种将恶鬼逐出寨外的驱鬼活动,一般选择在农历二、三月份举行,隔几年举行一次,通常与佛教庙会相结合,所行仪式一般由富户或头人共同磋商,群众筹集所需粮食及财物。

流传于云南潞西、镇康地区的驱鬼仪式,是为了全寨人畜清洁平安、消灾避邪而举行的逐出寨内恶鬼的活动。驱鬼时,由两人化装成面目可怕的魔王,身披棕衣,手持长矛,与背细沙的随从数人,从佛寺奔向村里。两魔王持长矛向每户屋前猛烈虚刺几下,随后往竹楼屋顶抛细沙,意为将恶鬼逐出屋外,同时高喊:"打死恶鬼!"然后,做出把恶鬼一齐驱逐出寨门外的举动。最后由和尚在寨门外祷告,阻止恶鬼重回寨内。

旧时,广西农村人畜遭遇病灾,认为是有鬼进村作怪。村老便找人商议,凑钱请巫师,逐家逐户烧桐油(因为瘟鬼惧怕烟火,故用桐油烟火驱鬼)、喃咒语,用桐油烟火驱鬼出寨。为防止瘟鬼再次入村,以生茅草绞结长绳横挂村门或路口上。草绳上缚着数把木刀,并请寨神守护。有些村寨,未等人畜受灾,便先作防范,家家烧桐油举行驱鬼仪式,以保平安。

祭鬼之礼

祭鬼,是一个古老的文化现象,几乎与人产生鬼魅观念的同时而产生。人们祭鬼是为了防止鬼魅对人的侵害,或企图从鬼那里得到某种恩施。

《元史·志第二十三·祭祀一》:"北陲之俗,敬天而畏鬼,其巫祝每以为能亲见所祭者,而知其喜怒,故天子非有察于幽明之故、礼俗之辨,则未能亲格,岂其然钦?"这是正史上的祭鬼记载。在元代,北方人将对天与鬼的敬畏,是放在同等的地位上来看待的。不仅巫师在祭祀时能够看见鬼神,能够知道鬼神的喜怒哀乐;而且他们认为,人间天子更有这种特殊功能。

首先,表现在对自然鬼的祭祀上。在原始民族看来,自然界的一切事物都有鬼,如树木鬼、水鬼、天鬼、地鬼、山塌鬼、小南门鬼、太阳鬼、月亮鬼、毛虫鬼、藤子鬼、野山鬼等,这些都是这种原始思维的反映。

由于有鬼的意识,就认为被太阳鬼或月亮鬼咬着会眼痛,被毛虫鬼咬着会全身起疙瘩,被野山鬼咬着牛就不会动了。宇宙间的一切山川、河流、岩石、森林及各种动物都有灵魂存在,都有其相应的鬼,因此就需要对山鬼、水鬼、树鬼、岩鬼、地鬼等进行祭祀。

早期人们之所以产生如此众多广泛的自然鬼,是泛神论思想作用下的产物。那时,由于生产力极低,人们的生产和生活时时会受到自然的威胁。因此人们以为自然界中的各种物体都有鬼神的驱使,而人却是渺小的、无力的,常要依靠于自然,希望自然施给恩惠,由此而出现了人的依赖感。费尔巴哈认为:"人的依赖感是宗教的基础;而这种依赖感的对象,亦即人所依靠并且人也感觉到依靠的那个东西;本来不是别的东西,就是自然。自然是宗教的最初原始对象,这一点是一切宗教和一切民族的历史所充分证明的。"

其次,正因为原始宗教是源于人们在受到自然界沉重压迫的情况下,把自然力和自然物进行鬼化,所以其表现出的另一面就是他们竭力想摆脱这种压迫。而摆脱的意识十分薄弱,即企图通过媚鬼来达到目的。媚鬼的最好办法,就是对鬼进行祭祀;祭祀的最好礼物就是用食物,特别是动物尤受鬼神欢迎。至今流传的用三牲祭祖祭神,就是这种传统祭祀心态的反映。

在自然中有叫天鬼的神灵,为早期人们崇拜的鬼里面最高的鬼神。因此祭天鬼时,要有特别的方法,用一种专门饲养的牛,叫天牛。牛必须是黑花、白花或纯黄色的雄健的公牛,有专门的人放牧,早上放出去,晚上赶回圈来。在放牧时,任牛走到哪里吃到哪里,不管是吃草还是吃庄稼,都得让它吃。谁也不敢赶它,赶了就要得罪天鬼。祭天鬼,主要是在久旱不雨或瘟疫流行的时候。在宰牛之前,全村的老人跟巫师敲锣打鼓,吹着唢呐去圈里把牛迎接出来,还在牛头上挂上一匹红彩。把牛接到祭台上,由巫师来宰,全村人都集合在一起,巫师祈祷、念咒,然后将肉和皮平分给每家。这头牛宰了以后,大家再凑钱另买一条,准备下次祭天鬼时用。

祭水鬼,是又一种祭祀自然鬼的仪式。

每年较大的宗教活动始于"做水鬼",目的是祈求全年风调雨顺,具体活动是修水槽。一般举行这种活动的人,其生活的地方,没有河流,也没有水井,生活用水是用竹槽把山中泉水引进来。而山泉离居住地比较远,引水竹槽有的长达数里。这种饮水槽,每年都在祭水鬼时修理一次。修理时,饮用这一水槽的人家,都要出一人并携带竹子等物参加修理。这种公益劳动,一般需要两三天。在修理水槽的过程中都要祭祀管水的鬼,祈求他保佑流水畅通。祭水鬼时,一般宰一只猪和用数只老鼠作为祭品,并要求宰鸡看卦。祭祀自然鬼,用狩猎得来的各种动物作为供品,这是与其生产方式相适应的。

关于祭鬼,有各种传说,其中有一则如是说:

相传鬼和人是兄弟。人有父母,而鬼是无父母的孤儿,寄食在人的家里。人与鬼天天上山干活,每天人的父母送来米饭和糠,米饭给其儿子吃,糠给其侄儿即鬼吃。人不忍如此,背着父母将糠丢在一大树洞内,而将米饭与鬼分食。日久之,鬼发现大树洞内有大堆糠糟,就询问其兄弟即人。人详告其情,鬼闻之极为气愤,乃对人说:"你父母既如此对待我,我不愿再回到你家里去了,以后我将认大树为父,大石为母。"鬼还对人说:"你可以回去,此山中之物,咱兄弟可以分一下。"人同意后,鬼就将一部分野鸡、山牛、山羊、野猪等物分给人,此即今日家禽家畜的来源,其余则属于鬼。此外,如虎、熊、狼、豹及水中之鱼虾均属鬼。分完后,人嫌其所得太少,鬼便又将狗给了人。从此人天天山上打猎。久而久之,人依靠猎物仍不够供其食,便又告诉鬼。鬼说:"我可以祭给你肉吃。"这样便出现了鬼祭人的事情。此后,凡是鬼每次祭给人猪、羊等,人因贪吃而将其完全吃光。鬼最初不作声,日久就不满意了,便要人也反过来祭给他肉吃。并说他只要吃肉的气味,就是只吃个名义,真正的肉还是人吃。如果不祭给他,他将要作祟使人生病,从此便开始了人祭鬼的风俗。这个祭鬼传说,反映了人类早期祭鬼背后的真实的思想基础和经济状况。

到了农耕发轫时期,人们开始懂得了植物的价值,因此又用祭动物鬼的方式来祭植物鬼,希望能获得食物。在长期的刀耕火种的地方,原始森林成为他们食物的来源,这就自然地产生原始崇拜,每年要举行一次集体的祭祀山林活动。他们认为森林中有一位司树鬼,主宰着人们的生活和作物的成长。

因此,每年砍树种地之前,人们要由村中主人请祭师择吉日和卜选方向,指派生辰属相合适的两个人上山选地,用刀将树木砍倒两棵(以双数为祥),然后对着树"叫魂"。再把带去的蜡条、饭菜祭献树魂后,全村才能正式砍伐。如果树压死了人,就认为地鬼不喜欢,此地不吉利,便要立刻放弃,另选别处砍种。如果有人伐木回来得了病,即认为是山林鬼作怪,须备一桌酒菜,请巫师占卜,判明碰上哪棵树鬼,然后带上病人的衣服,到被砍的大树旁作祈祷仪式,请求树鬼宽恕。祭完回寨途中,还要到村寨神林里叫魂拴线。

丽江地区每年正月举行祭祀神林活动。神林是各种自然鬼居住、生活的地方,也就自然成为神圣不可侵犯的地方。侵犯了神林,就会触犯鬼魅,引起火灾。因此禁止砍伐以及任何玷污神林的举动,成为一种人们共同遵守的禁忌习俗。

祭鬼的形式因时代和地域的差异而不尽相同。那种十分纯粹的祭祀自然鬼的仪式在今天已很罕见了,一种原因是这种古老的风俗习惯随着历史的进步已逐步淘汰消亡了;一种原因是这种古老的风俗习惯融进了新的内容,已变得面目不清了。

招魂作法

招魂是一种模拟巫术,就是将暂时离开人体的灵魂招回,重新附于人体。

　　在人们一般的观念中，魂是一种可以脱离人之肉体的精神体，平时附于人体，有时可离开人体而去，例如昏迷时、做梦时均是魂灵离开人体的时候。魂和体，是两个不同范畴的东西：一是物质的，一是精神的。魂是精神的，又称精神体；人体是物质的，又可称物质体。两者的混合，才能成为一个社会生活中的人。

　　中国传统观念认为，人一旦没有了魂，则将成为行尸走肉，没有了思维，没有了创造。更有甚者，认为人的灵魂出逃后，就象征着死亡。出于对死亡的恐惧，人们发现灵魂出逃后就会大惊失色，惊恐万分。在思想上，就出现灵魂崇拜的观念，在行为上，则出现招魂的风俗。

　　魂作为一种精神体的东西，自然无法用肉眼看到，因此人们在招魂时用某种东西作为替代。最先是用动物（如鸡）作牺牲，以后逐渐演变成用某种物品（如衣服）作招魂时的用具。虽然招魂的目的相同，但是其手段、方法均不一致。

　　在中国萨满教中也有类似的形式。萨满进行跳神时，身穿神衣，头戴神帽，其外形充满了神秘的色彩。"他双目半开半闭,似乎自己陷于昏迷状态,口中念念有词,装作和鬼神说话或者他的灵魂已到了鬼神的世界。他模仿野兽的声音和动作,频频舞蹈,发出熊的咆哮声、蛇的爬行声,加上敲击神鼓之声。"这里表现的是一种鬼魂附身的行为。不过,这种鬼魂附身,是原始宗教时期的产物,附身的鬼魂大都是动物之灵魂,其所招的魂,除了有人的灵魂外,更有动物之灵魂。随着时代的进步和社会的演进,由招动物之魂变成招人的灵魂,并成为一种巫术而固定下来。

在人类发展史上,招魂的风俗千差万别,各有风姿。而中国的招魂作法和种类亦是多种多样的,其所起的作用也各异。

一是为新生儿招魂。民间认为婴儿初生时灵魂尚未附体,在山间游荡。因此婴儿出生一两天以内,父母的职责就是为婴儿招魂,不然婴儿将会死去。在这里的招魂即喊魂,就是将被鬼捉住或迷失方向的灵魂招回来。

二是为亡者招魂。在有些地方的人思念妻子和情人的男人,请来巫婆为其招来亡妻或情人的灵魂,与之叙述思念、离别之情。招魂时,巫婆用被单把自己的头蒙上,请魂附体,不久她即进入昏迷状态。这时招亡灵的男子就对神提出,希望神把灵魂请回来。不久,巫婆宣称灵魂已归,于是巫婆又代表亡灵出现,与求神的男子相互对歌,倾诉衷肠。

三是为病人招魂。人生病,在过去一般被认为是灵魂出逃或是离开了肉体。为病人招魂的风俗,是屡见不鲜的。小孩生病,往往被认为是灵魂失落在村外,妈妈则拿着小孩的衣服到村外呼叫孩子的名字。

在山林、地里劳动时突然遇着野兽,或行路过桥时跌跤惊恐而生病,人们就以为这是人的魂魄被吓离散,四处游荡所致,只有把魂招回来,病人才会好。

有一首《叫魂歌》这样唱道:

> 某某,回来,回来!
>
> 某某,回来,回来!
>
> 是树影把你吓跑?
>
> 是山影把你吓跑?
>
> 是打雷把你吓跑?

是扯闪把你吓跑？

是跌跤把你吓跑？

是过河把你吓跑？

是恶鬼把你吓跑？

是水鬼把你吓跑？

是猛兽把你吓跑？

是毒蛇把你吓跑？

是什么把你吓跑？

某某，回来，回来！

某某，回来，回来！

你落在菁里就从菁里回来，

你落在山林里就从山林里回来，

你落在地里就从地里回来，

你落在桥头就从桥头回来，

你落在路边就从路边回来，

你落在哪里就从哪里回来。

阴森森的山菁里你不要在，

黑漆漆的深林里你不要在，

荒凉的山野里你不能在，

冷飕飕的桥头你不能在，

险陡的山路边你不能在，

高高的岩子底下你不能在，

闻不到烟火的地方你不能在，

听不见鸡犬声的地方你不能在。

某某，回来，回来！

某某，回来，回来！

家中老少在叫喊你，

村里伙伴在寻找你，

他们等你回来团聚，

他们盼你回村欢乐。

某某，回来，回来！

某某,回来,回来!

大石桥九十九座,

小木桥九十九座,

大石桥通山寨,

小木桥接人家,

你跨过大木桥来吧!

你跨过小木桥来吧!

某某,回来,回来!

某某,回来,回来!

家堂火塘暖,

村中邻居亲,

你闻着火塘的烟火回来!

你踏着亲人的脚印回来!

某某,回来,回来!

某某,回来,回来!

鸡鸣你不要害怕，

狗吠你不要害怕，

公鸡喔喔啼是给主人报晓，

黑狗汪汪吠是给寨人报亲。

你听着鸡鸣走进门来！

你闻着狗吠踏进屋来！

叫：某某，回来，回来！

　　某某，你快回来！

答：回——来——啰！

　　回——来——啰！

　　这首《叫魂歌》，是叫魂人沿途吟唱的歌词。由于病人不同和叫魂人即兴创作的才能不同，唱词不尽相同。

　　最早的招魂文字是屈原的《招魂》。关于《招魂》，有的认为是宋玉为屈原招魂，也有的认为是屈原为楚怀王招魂，也有的认为是屈原给自己招魂，不管怎样，都是一种巫术行为。

　　《招魂》借巫阳口气，除了说四方上下如何可怕，而故乡如何可爱，劝所招魂魄归来安享之外，还写饮食、居处、游戏、女乐、陈设等内容，表现了楚国的丰富的物质文化与高尚的精神世界。其想象丰富，辞藻俊美，是迄今为止所见的为亡者招魂最伟大的作品。

形形色色的鬼

小时候不听话，大人往往会摆出一副神秘而凶狠的样子吓唬道："不听话，当心鬼来抓走你！"孩童的心中便会隐隐生发一个关于"鬼"的模糊而笼统的概念，囊括了世间一切可憎可怖的邪恶力量。殊不知在人类丰富多彩的鬼文化中，鬼也分男女善恶，有高矮胖瘦，不同类型的鬼各行其道，各司其职。

中国早期的鬼形象来源于动物，形成了动物鬼的概念。这是较早对鬼的分类。而当时人们对鬼的认识，多指山间怪兽。后又有自然鬼的出现，自然鬼是人们出于对自然力的畏惧而创造的鬼，如山鬼、树鬼等。随自然鬼的产生而产生的是祖先鬼，又称家鬼。

《墨子·明鬼》下篇，认为鬼神是实有的，而且将天下的鬼分为"天鬼"、"山水鬼神"、"人死而为鬼"三类。

江绍原把鬼分为两大类：一是山丘水泽野之类的自然鬼；一是人死后变成的鬼，亦称家鬼。还有人把鬼分为家鬼和野鬼，家鬼即自己的祖宗，而生病多灾，则被看作是得罪了自己的祖宗而受到惩罚，或是受到了野鬼的侵害。

那么鬼的种目有多少呢？据古书《日出》中记载，春秋战国时期，只是在楚国一地就有：状鬼、神狗、衰鬼、棘鬼、字鬼、上鬼、会虫、地虫、阳鬼、欿鬼、祷鬼、凶鬼、暴鬼、图夫、游魂、丘鬼、刺鬼、桀迂、饿鬼、衰乳之鬼、地薜、夭鬼、不幸鬼、爰鬼、厉鬼等几十种之多。

中国学界也有着各自不同的分类方法，有的将这些鬼魅具体分为三类：一类是天上的鬼，如太阳鬼、天鬼、风鬼、雷鬼、月亮鬼等；一类是地上的鬼，如地鬼、山鬼、水鬼、谷鬼、火鬼等；一类是家鬼，如家堂鬼、寨鬼等。

综而论之，鬼的数量庞杂，分类绝非易事。不同的分类法也是见仁见智。但总的或可分为天鬼、地鬼、人鬼三大类别。

本章主要以此为基础,从对鬼的命名方式和善恶划分,对在各民间信仰中比较常见的鬼的类型进行简单的介绍。

民间信仰中的鬼名通常颇为形象,人们往往可以从鬼的名字中猜测鬼的形象、职能、嗜好等特征。

◎ 鬼以形分

披发鬼

《寄园寄所寄》卷上《灭烛寄》记载:"壬午,阅邸报,奉先殿鸱吻忽落地,作披发鬼哭出宫,群臣共见。又周后宫中忽传云:'接驾。'因具袍笏伺之,见卤簿严肃,及近前,乃一老年女子。旧阉云:'此乃太后也,为神宗生母。'良久寂然。"

这里的披发鬼,显然是明神宗生母死后所变。因鬼披头散发,故以形象命名。鬼本已十分丑陋,再加上头发蓬散,面目尤为可怕可憎了。

破面鬼

破面鬼，顾名思义，就是脸皮破裂、血流满面的鬼。

宋欧阳玄《睽车志》记载："齐东昏即位，多行杀戮，沈昭略与沈文季、徐孝嗣同召入省，例赐药酒。徐孝嗣曰：废昏立明，古今令典，宰相无才，致有今日。即以掷瓯投孝嗣面曰：汝便作破面鬼。"

长面鬼

所谓长面鬼，就是鬼脸很长，超出普通人，故称。

传说有个裁缝晚间做活儿，忽觉腹痛，就去厕所，见厕中无人，遂解衣而登。一会儿，腹痛渐止，乃仰头舒气，瞥见坑之右亦登一人，其面长几尺，阴森恐怖。裁缝大骇，提着裤子，狂奔而出。未及家，见迎面一人来，察其举止，仿佛亦似登厕者，此人窃思这人不知厕中有鬼，就对他说："我刚去厕所，遇见一恶鬼，面长几尺，君去，必遭大怖。"那人说："你看像我嘛?"裁缝举灯一看，只见其面目之长，较前更有甚焉。惊骇之极，昏绝于地。其家人及其徒弟赶来，将其救起，灌以姜汤,始醒。自此其卧床月余方愈。

长鬼

《子不语》卷四《长鬼被缚》记载:"竹墩沈翰林厚余,少与友张姓同学读书。数日张不至,问之,张患伤寒甚剧,因往问候。入门悄然,将升堂,见堂上先有一长人端坐,仰面视堂上题额。沈疑非人,戏解腰带,潜缚其两腿。长人惊,转面相视,沈叩以何处来,长人云:'张某当死,余为勾差,当先来与其家堂神说明,再动手勾捉。'沈以张寡母在堂,未娶无子,胡可以死?恳画计缓之。长人亦有怜色,而谢以无术。沈代恳再三,长人曰:'只一法耳。张明日午时当死,先期有冥使五人偕余自其门外柳树下入。冥中鬼饥渴久,得饮食即忘事。君可预设两席,置六人座,君候于门外柳树边,有旋风自上而下,即拱揖入门,延之入座,勤为劝酬,视日影逾午,则起散,张可以免。'沈允诺,即入语张家人,届期一一如所教。张至巳刻已昏晕;当午,惟存一息,外席散而神气渐复。沈大喜归……"

在这里,长人即为勾魂鬼。不过,此鬼倒有善心,为了救人而出谋划策,泄漏冥事,致使濒临死亡的人脱离危险。正因如此,触犯冥界戒律,"为同辈所苦,责四十板,革役也"。

独足鬼

独足鬼亦称一足鬼。在很多地区都流传着一种独足鬼的故事与传说。在有些地方,据说只有小孩才能看见独足鬼,它有一身黑毛,用独脚蹦跳,喜欢小孩,常同他们一起玩耍,如果谁得罪了它,它就捉弄谁。

南朝宋刘敬叔《异苑》卷六中记载:"元嘉中,魏郡张承吉息元庆,年十二,见一鬼,长三尺,一足而鸟爪,背有鳞甲,来招元庆。恍惚如狂,游走非所,父母挞之。俄闻空中云:'是我所教,幸勿与罚。'张有二卷羊中敬书,忽失所在。鬼于梁上掷还一卷,少裂坏,乃为补治。王家嫁女,就张借□,鬼求纸笔代答。张素工巧,尝造一弹弓,鬼借之,明日送还,而皆折坏。"这里的一足鬼就是一副顽皮、喜欢捉弄别人的神态。

古代也有称山魈为独足鬼的，又称夔、山缫。《广韵》曰："山魈出汀州，独足鬼也。"

无头鬼

在民间传说中，经常有无头鬼出现。这些故事离奇、古怪、出人意料，具有强烈的艺术感染力。

有一《无头女鬼》故事：

江宁聚宝门内有个废弃的花园，经常闹鬼。泰兴李生赴试稍迟，遍游城中，觅居停所不得，偶见此园，就去打听。守园者说明情况，李生说了声"不妨"，就启封进园。李生住在楼上，家人住在楼下。半夜，李生挑灯独坐，"举念间，瞥见一无头女子，阒然入室。生狂骇，匿于床，隔帐窥之，灯光闪烁中，又见一绿衣女郎，携一女头至，嘻嘻作笑声，旋捧头为女装于颈。女乃对镜自照，重施淡粉，向绿衣者骂曰：'长舌妇如此恶谑，月洞中当无超身之日。'言次渐近床前，生大惊狂呼，二女笑曰：'是儿郎自负

胆量,何乃如芥子大耶？顾吾等非祸人者,何不出

而共谈?'生神色稍定,谛视之,眉斗春山,眸凝秋

水,丰神态度,楚楚可人,而绿衣女郎尤秀丽罕

俦。"①

　　这里的女鬼有头和无头时,情形大不一样,前者是风采

照人,后者则是恐怖无比,两者似乎难以统一,然而在无头鬼

这一特殊形象上得到了统一,其中一个重要的条件就因为其

是超自然的幻体,没有这一幻体,就不可能使美丽与丑鄙完

美地结合起来。

　　此外,以形象命名的鬼,还有小面鬼、大头鬼、小头

鬼,等。

　　从这些例子中,我们可以看出以形象命名的鬼都有一个

共同的特征,那就是其形象往往超出正常人的尺寸,夸大某

一部位,使其达到非常的程度,以此给人造成一种强烈的印

象。这样一来,人们往往会产生一种恐惧、害怕的心理。

_____

① 王韬:《遁窟谰言》,大达图书社 1935 年。

还有一种喜欢模仿、装扮成别人样子的鬼，叫做黎丘鬼。宋欧阳玄《睽车志》记载："梁北丈人，有之市而醉归者，黎丘鬼喜效人子侄之状，扶而迫苦之，归而诮其子，始知奇鬼也。明旦复往，其子往迎之，丈人望其真子拔剑而刺之。"

其次，还有一些以特有形象作为特征的鬼。如无常鬼和牛头、马面等就属于这种情况。无常在民间传说中是在人死时勾摄生魂的使者，分为黑无常、白无常两种。前者给人带来的只有灾难；而后者一方面给人带来恐惧和不安，另一方面亦可以给人带来发财的好运气。这反映了民间一种观念：鬼跟人一样有善恶。

据说无常鬼是身高一丈开外的高个子鬼，勾鼻子，平时皮笑肉不笑，走路喜跳。白无常一身着白，身穿白色长衫，头戴白色高帽，手拿白扇子。帽子上写着"见吾生财"四个字。黑无常则是一身黑色，黑长衫，黑高帽，手执一把黑扇子。帽子也写着四个字："见吾死哉"。白无常喜欢同人寻开心，他看不起胆小鬼。啥人一看到他逃走，他就追逐不放，一面追，一面怪叫，逃跑的没有一个不是被吓破胆死掉的。相反，胆大的见了他就不逃,同他做手势,扮鬼脸,白无常亦跟着打手势,扮鬼脸,甚至还会以元宝相赠。而黑无常则被人认为是煞星,六亲不认,说勾魂就勾魂,吃死人不吐骨头。

在上海松江,人们认为无常鬼很高大,浑身煞白,谁碰上了就会触霉头,闹不好会死人。当地俗称:人死变鬼,屋里人哭,眼泪落在死人的眼睛里,就要由鬼变成无常鬼。无常鬼在月亮出来后,就要从棺材里跑出来拜月。人看到无常鬼拜月,要解脱,就在棺材上放把刀,无常鬼一走进去,就被刀戳死了,从此就不能再出来害人。

牛头、马面则是地狱中的狱卒,它们分别是牛头人身与马头人身的形象,其职责是负责捉拿、带领阳寿终了的亡魂到地府,也有人说他们是负责把守地府中奈何桥的神明,生前犯罪的鬼魂通过,就推落桥下。

◎ 鬼以类聚

判冥鬼

判冥鬼的职能,大约与判官相同,是鬼界中管理鬼的官吏。冥界中的"判冥鬼十人,十人数内,两人是妇人"。

掠剩鬼

袁枚《续子不语》卷五记载了一则掠剩鬼的故事,较详尽地说明掠剩鬼的特征:

> 广陵法云寺僧珉楚,常与中山贾人章某亲狎。章死,楚为设斋诵经。数月,忽遇章于市,楚未食,章即延入饭店,为置胡饼。既食,楚问:"君已死,那得在此?"章曰:"吾以小罪未免,今配为扬州掠剩鬼。"问:"何谓掠剩鬼?"曰:"凡吏人贾贩利息皆有数,过常数得之即为余剩,吾得掠而有之。今人间如吾辈甚多。"因指路人曰:"某某皆是。"顷之有一僧过,指曰:"此僧亦是。"因召至与语良久,僧亦不见。楚与章南行,遇一妇人卖花,章曰:"此妇人亦鬼,所卖花亦鬼所用之花,人间无用。"章出数钱买之,以赠楚曰:"凡见此花而笑者,皆鬼也。"即辞告而去。其花红芳可爱,而甚重。楚亦昏然而归,路

中人见花颇有笑者。至寺北门，自念吾与鬼同游，
复持鬼花，殊觉不祥，即掷花沟中，溅水有声。既
归，同院人觉其甚异，以为中恶，竟持汤药救之。良
久乃苏，具言其故。因相与复视其花，乃一死人
手也。

其实，掠剩鬼就是掠夺商贾黑心钱的鬼魅。这又是一种
鬼的类型，是善鬼，专门与商贾打交道，防治商人行奸、欺骗
顾客，是不法商人的克星。

算命先生鬼

这种鬼，生前是算命先生，死后变成了算命先生鬼。成
鬼之后，其算命的职能依旧不变。

《子不语》卷二记载：

平望周姓，以撑舟为业。舟过湖州桥下，篙触
骨坛落水，至家而妹病，呼曰："我湖州算命先生徐
某，在生时，督、抚、司、道贵人谁不敬我，汝何人，敢

投我骨于水!"女素不识字,病后能读书,喜为人算
命,写八字与之,其推排悉合世上五行之说,亦不甚
验也。周具牒诉于城隍。女卧,一日醒曰:"见二青
衣拘一鬼,与我质于神前。鬼跪诉毁骨之事,神曰:
'其兄触汝,而责之于妹,何畏强欺弱耶?汝自称能
算命,而不能自护其朽骨,其算法不灵可知,生前哄
骗人财物不知多少矣。笞二十,押赴湖州。'"女自
此不复识字,亦不能算命矣。

在这里,作者显然批判骗人的算命把戏,但是无意中提
出了一个算命先生鬼的概念。

瘟鬼

《子不语》卷七有这样一个瘟鬼:

徐大骇,唤家奴出视,见黑影一团,绕瓦有声,
良久始息。徐坐床上,片时帏又动,徐起以手握帏,
非平时故物,湿软如妇人乱发,恶臭不可近,冷气自

手贯臂,直达于肩,徐强忍持之。墙角有声,如出瓮中者,初似鹦鹉学语,继似小儿啼音,称:"我姓吴名中,从洪泽湖来,被雷惊,故匿于此,求恩人放归。"徐问:"现在吴门大瘟,汝得非瘟鬼否?"曰:"是也。"徐曰:"是鬼则我愈不放汝,以免汝去害人。"鬼曰:"避瘟有方,敢献方以乞恩。"徐令数药名而手录之。录毕,不胜其臭,且臂冷不可耐,欲放之又惧为祟。家奴在旁,各持坛罐,请纳帛而封焉。徐从之,封投太湖。

此处瘟鬼特征为:一是臭不可闻,二是体冷无比,三是其声音如小儿,四是能传播瘟疫。在这四点中间,最后一点更是重要特征之一。

人们认为,村中发生瘟疫,一定是瘟疫鬼作祟,需由巫师举行驱鬼活动,巫师手持火把、舞刀、撒沙,表示驱逐邪恶。

疟鬼

疟鬼之说流行于江苏南部农村,也是一种恶鬼。袁枚在《子不语》里记一个疟鬼是一童子形象："面白皙，衣帽鞋袜皆深青色……着手冷不可耐。"旧时民间认为，疟疾发作是疟鬼作祟。在病人发冷转发高烧时，由亲人一人（不给别人看见）揭屋顶一片瓦，覆置病人床底下，即关住疟鬼，可使疟疾停止发作。谁若翻动床底所放瓦片，疟鬼出来，谁就会发出疟疾。

勾魂鬼

勾魂鬼，专以勾生人之魂为营生的鬼。它的脚为鸡爪，可以勾去人的魂魄使其死亡。无常鬼就是一种勾人魂魄的鬼，但是它的勾魂工具是伞。而勾魂鬼则直接利用鸡爪形的脚去勾人灵魂，表现了它们不同的外形特征和勾魂的方法。正是两种鬼这一不同的地方，民间就很自然地将它们分隔成不同的类型，并赋予不同的称呼。

人们一般都很害怕勾魂鬼，因为他的到来象征着人的死亡，特别是病人更忌讳谈及勾魂之事。江浙地区还有句非常促狭的骂人话：你魂灵被鬼勾脱（去）了！这意味着你不久于人世了,因为勾魂鬼已将你的灵魂收去了。这些迷信观念,表现的是一种对勾魂鬼的恐惧心理。

讨债鬼

讨债鬼,一般都变幻成人,到债家去任意挥霍,使此家败落或破产,以达到讨债之目的。而债家一般都欠着别人的钱财,或者是得了不义之财,讨债鬼则将这种钱财归还原处,除此之外,别无他用。

夜巡鬼

夜巡鬼又称夜巡神,是在夜间巡查街邻的鬼,可以保护夜行者免受鬼魅纠缠,因其常做好事,故又被尊为神。

关于夜巡鬼,有这样一则传说:

寿州某甲嗜赌如命。一日去离城数里的地方赌博,回来时已是半夜,城门关了,他就想爬墙而过。谁知刚过城墙,就见一大鬼,身高数丈,向他追来。此人十分恐惧,拔腿就跑,快到十字路口时,忽抬头，见前面又一大鬼立在路中。这个大鬼将此人抓起，按在地上，随后用脚踏上，不过踏处柔软，不甚重。等那个鬼追来时，这鬼用手向左指示，那鬼即向所指的方向追去。随后，这鬼松开此人，让其狂奔回家。此人一触家门，就立刻昏了过去。家人将其救醒之后，一听其所说，才知道追他的是鬼魅，而保护他的是夜巡神。①

灶鬼

灶鬼，又称灶神，流传于中国很多地区，是对灶的一种民间信仰。

《史记·孝武本纪》："上有所幸王夫人，夫人卒，少翁以方术盖夜致王夫人及灶鬼之貌云，天子自帷中望见焉。"唐陆龟蒙《祀灶解》："灶鬼以时录人功过，上白于天。"这些记载，都反映了中国人对灶神的看法。

---

① 《鬼话》，上海广益书局1942年，第42页。

关于灶鬼的描述不少。《庄子·达生篇》记齐桓公问皇子告敖："到底有没有鬼?"皇子告敖答曰:"有。水下有鬼叫履,灶中有鬼叫髻。"西晋司马彪注:"灶神,其状如美女,着赤衣,名髻也。"

人们认为灶鬼是司灶火的,它既能帮助人烧煮食物,也能烧毁房屋和村庄,因此他们非常敬畏灶鬼。他们认为任何人如果跨过、敲击或移动用三块石头堆成的灶具(灶),那就是对灶鬼极大的侮辱,会招致它的惩罚。

守桥鬼

民间认为,凡建木桥、石桥,附近村寨必有人逝世去当守桥鬼。守桥鬼为善鬼,守护桥梁。因此每逢架桥,寨里的独生子都远离本村寨和建桥工程。尤在立桥柱吉时之前三四点钟,有独子之家打发独子出村,独子拼命奔跑,不能慢跑更不能停步,直跑到听不见工地的架桥打锤之处方能住下,直到桥梁建成后方回村。

在鬼族中,还有一类是以死因或成因命名的。

伥鬼

凡遭齿啮而死的,其鬼盟就叫伥。此鬼隶属于虎,而不敢为其他鬼魅服务。《太平广记》卷四百三十:"伥鬼,被虎所食之人也,为虎前呵道耳。"宋孙光宪《北梦琐言逸文》卷四:"凡死于虎,溺水之鬼号为伥,须得一人代之。"现在人们所说的"为虎作伥",其内在含义就在于此。虎虽食人,伥为其服务,尤为可恶。之所以造成伥为虎助虐的现象,有一说是认为"人死于虎,必待有踵而死者,魂始得投入人胎,而复生人世,谓之替身,即谓之轮回"。[1]

伥鬼亦有自身的弱点,那就是嗜酸,有为了达此目的而不顾虎的。宋欧阳玄《睽车志》记载:

> 虎所至,伥鬼为之先驱,辄坏猎人机械,当以乌梅杨梅之类布地。盖此鬼嗜酸而不顾虎,虎乃可擒。

---

[1] 《怪异菁华》,上海大达图书供应社1936年,第260页。

淹死鬼

淹死鬼,又称水鬼、落水鬼,流传于全国,指一种原始信仰。旧时人们认为,如果有人掉在水里淹死了,其鬼魂就会变成凶恶的"淹死鬼"到处作祟害人。在松江等地俗称"讨替",即找一个替身,这样自己就可以上岸了。有人认为如果生病时身上发冷,就是撞着了淹死鬼。

浙江鄞县旧时民俗也认为:一个人不幸溺死在河里,他就要做河水鬼(即水鬼),服侍河神,在没有找到另一个替死者前,是不能出水去投生的。与伥鬼一样,水鬼之所以如此疯狂地寻找替身,是为了早日投胎还世。人们通过这样的鬼话,表现了人的求生欲望,同样亦表现了人对水的恐惧。这两种思想,构成了水鬼故事的创作基础,但是,随着水鬼故事广泛传播,人们更注重其可信性、恐惧性,而逐渐把创作这类故事最初的思想淡化了,以致模糊不清,几乎难以看到它的深层涵义了。

吊死鬼

吊死鬼,是一种民众的通俗称谓,书面语又称缢鬼,是因某种原因上吊死去而变化成的鬼。在这类鬼话中,吊死鬼的形象是十分可怕的,往往会造成一种恐怖异常的气氛。《聊斋志异》卷六记载:"范生者,宿于旅。食后,烛而假寐。忽一婢来,襆衣置椅上;又有镜奁掂箧,一一列案头,乃去。俄一少妇自房中出,发篦开奁,对镜栉掠;已而髻,已而簪,顾影徘徊甚久。前婢来,进匜沃盥。盥已捧帨,既,持沐汤去。妇解襆出裙帔,炫然新制,就着之。掩衿提领,结束周至。范不语,中心疑怪,谓必奔妇,将严装以就客也。妇装讫,出长带,垂诸梁而结焉。讶之。妇从容跻双弯,引颈受绁。方一着带,目即合,眉即竖,舌出吻二寸许,颜色惨变如鬼。大骇奔出,呼告主人,验之已渺。"在这一记载里,将人上吊前后作了强烈的比较,前者形象美丽可爱,后者形象狰狞恐怖,形成了非常大的反差。这种反差,往往很难使人们头脑中的两种形象和谐地统一起来;或者说,后者的形象在非常短暂的一刹那将前者美好的形象赶跑了,而占据人们头脑的是那种丑鄙、狰狞的面容,随之而来的,是恐惧和害怕的心理充斥全身。

吊死鬼除了形象难看外，其心地有时亦不善良，往往为讨替身而引诱别人上吊。一旦诡计被某人识破，他们就会找此人算账，非将其置于死地不可。吊死鬼有两个较鲜明的特征：一是吊死鬼多半为女性；二是吊死鬼大多数是恶鬼。这亦是中国人共同的鬼信仰中的一个有机组成部分。实际上，吊死鬼亦非都是恶鬼，其中有些也是善良的，家人上吊死后，一般不会加害自己的亲友。因此，有人认为："相传缢死之人，往往在其死所为厉，然亦有不尽然者。"

伤鬼

民间认为，凡是因被枪打、刀砍、坠崖、房屋倒塌、砖瓦窑石灰窑崩塌、公路塌方而死亡的人，都变成伤鬼。其棺材不能进村抬进家，只能放在村边，必须请巫师作法事超度亡灵后埋葬，使伤鬼不在村里、家里兴风作浪。如人得病，请巫师占卜，卦象呈伤鬼勾魂，即请巫师用生猪肉、生鱼、生鸡到伤死鬼死难的地方供祭，作法事，将病人衣服在香烛烟上从外向里燎三圈，招病人的魂魄归来。

烧死鬼

如果有人被火烧死了,这种非正常死亡的人的鬼魂就会变成"烧死鬼",到处游荡害人。如果有人生病发高烧,就是撞着烧死鬼。

孤鬼

俗信,死者是非正常死亡者,如杀死、摔死、上吊死、落水死、难产死等,被认为将变成恶鬼,祸害生者。其尸骨不能和祖坟埋在一处,而使之单独埋在一地,永远成为"孤鬼"。但也有经巫师诵经"打斋"后,解除孤鬼身份,可以埋入祖坟旁的。

僵尸鬼

僵尸鬼的传说在古今中外都有,是非常普遍的一种鬼类。所谓僵尸鬼,是那些墓中,或一般有很长年头的墓、棺内没有完全腐朽的死尸,俗称僵尸鬼。相传僵尸鬼也喜欢在月光夜出来走动。

旧时人们对僵尸的描写:半身长尺许,黄毛毵毵,状类猕猴,鬼似猴的说法。

另外,还有一些鬼是以自然物和动物命名的。

太阳鬼

太阳鬼,指一种原始信仰中的鬼,是天体崇拜的产物。早期人们认为,所有的物体都有鬼的存在。如果有人伤害了太阳鬼,它就会作祟,使人患头痛发热之类的病,需请巫师来祭献牺牲,以求得太阳鬼的宽恕。据说被太阳鬼咬了,眼睛会痛。

月亮鬼

月亮鬼,指主宰月亮的鬼,与太阳鬼同一类。据说被月亮鬼咬了,眼睛会痛。

火鬼

火鬼是一种恶鬼。人们把火灾归罪于火鬼所为。在盖新房时,引入新火种,在火塘底下埋祭火鬼的干鱼,祈求火在火塘里烧得旺,但不烧出火塘外。一旦发生火灾,就要进行驱火鬼仪式,哄赶火鬼出寨。

风鬼

人们认为,自然界的各种自然现象都有灵性,如果它们作祟便会使人生病。如有人患疟疾打摆子,便被认为是触犯了风鬼,需请巫师祭祀才能求得风鬼的宽恕。

在有的地方,久病不愈要请巫师于山坡岔路口有风处,作法事祭鬼禳解。祭品用公鸡一只、米一升(上插三炷香、几个铜钱)、刀头一碗(肉上放一些盐、一双筷)、酒五杯、米粑五堆、钱纸五叠。巫师再念咒筛酒请鬼享祭。

土鬼

早期人们认为山川、巨石、泥土等都有灵鬼,土有土鬼,土鬼性恶,不得冒犯,否则土鬼作祟会使人眼睛痛。

山鬼

山鬼流传于汉、布朗、独龙、阿昌、怒族等。碧江怒族信奉的山鬼叫"米枯于",福贡怒族信奉的山鬼叫"宽赤",贡山怒族信奉的山鬼叫"土里布拉"。山鬼是主司农业和狩猎的鬼灵,怒族在耕作和狩猎时,要向山鬼祭祀,否则认为山鬼会对人作祟,使人生病或遇到意外的伤害。

古树鬼

古树鬼指古树变化成的鬼。人们在屋里忽闻怪声,开门不见物,即疑为是屋旁古树鬼乞食,请巫师作法事禳解。摆酒、肉各五碗,黄醋一碗,置桌门外,巫师敲竹筒念咒,请古树鬼吃了快走,不要惊吓寨中小孩,摇铃再念咒,烧纸送鬼。

◎ 鬼以好恶辨

人有好赖,鬼亦分善恶,善鬼助人,恶鬼则害人。在中国丰富多彩、千奇百怪的各种民间信仰中,人们除了根据命名方法将鬼分类,也根据鬼的本性将其分为善鬼和恶鬼。

一、恶鬼

前文中提到的大部分鬼为恶鬼,此外还有以下一些比较凶恶的鬼。

煞神

煞神又称恶神、凶煞等。煞神亦是民众信仰中的一种鬼。

煞神是在人病危时经常出现的鬼魅。它之所以会在这个时候出现，与人有灵魂的观念是分不开的，一旦人死后，灵魂就会离开人体；反言之，灵魂一离开人体，那意味着人就死去了。人病重时，人们就会觉得此人灵魂随时可能离开，因而就想象出有个勾魂或煞神之类的鬼来取人灵魂。所谓煞神，就是一种凶恶的鬼，因为他在人们头脑中太厉害、太可怕了，所以人们不敢称其为鬼，而将其成为"神"，但又不列入神谱之中，足见人们矛盾重重的心理。

黑煞

黑煞传说流传于全国。黑煞原指一种凶星，人们以为遇到或触怒该星，会有灾祸。后来民间多将黑煞附会到现实生活中的猪和烟囱，盖房时特别忌讳房门与别家的猪圈或烟囱对应,恐开门撞见黑煞。

凶鬼

俗信认为,恶人死后会变成凶鬼,暴死的人的灵魂也会变成凶鬼。凶鬼会向活人报复,人间的一切灾祸,如灾荒、疾病、冤家械斗等在有些地方认为都是因凶鬼作祟而造成的。

龙蛇童子

龙蛇童子指鬼头。广西一带多有他的传说。传说中,他纠集了一帮小鬼,在世间无恶不作,肚饿了就吃人,肚饱了就戏弄人,因此,人有病,人死了,都是龙蛇童子所害。如来佛知道后,便给他惩罚,把他打入十八层地狱,永世不得翻身。这样,小鬼们便树倒猢狲散,人民得以安居乐业。可他归心不死,作恶之念不灭,不知过了多少年月、多少世纪,他仍伺机冲破地狱。后来,阴阳师父出生时,不知何人疏忽,将他母亲净身的污水倒在光天化日之下,冥法遇到污血,就不再生效,在十八层地狱中的龙蛇童子,忽然觉得加在自己身上的巨大压力逐渐减轻,最后化为乌有。他冲出地狱后,便又纠集了一帮小鬼,到处去吃人戏弄人,从此人间又出现邪鬼,病人死人的事情随时发生。

棒头鬼

传说棒头鬼曾造个假太阳钉在天上,不升也不降,造成大旱,还倒行逆施,把山上动物赶下水,把水里动物赶上山,强令树木倒着长,后被天公征服。祭棒头鬼时,用一只鸭或一只鸭蛋,用一根木棒,一画土蜂、树、竹子、马鹿等,与另一小棒摆成丁字形,并诅咒它们"永世不能回来,要回来除非石头开花,公鸡下蛋,公牛下犊"。

押变鬼

俗信,山上有一种凶恶的饿鬼叫"押变鬼"进村来捣乱、偷食。因此每年农历正月初一要举行赶鬼扫寨。由一群男童扮女装,用布袋蒙住头,在寨子里乱蹦乱跳,并"呜呼呜呼"地乱叫乱嚷,有的拿起芦笙使劲地吹。等他们玩累了,大人们就拿枪对空连放三枪,表示要把这些乱吵乱闹的押变鬼赶出寨去,孩子们听到枪声立刻往寨外跑去,到村外脱下布袋回家。

饿痨鬼

饿痨鬼指一种会使人生病的恶鬼。据说这是一种因饿而死的鬼。

阴谋鬼

阴谋鬼指最厉害的鬼。它叫人死人就会死,叫牲畜亡,牲畜就会亡。其流行最大,影响最大。据说此鬼是由巫师制造出来的。

二、善鬼

由于在民间的说法中鬼多为凶、为厉,所以善鬼的数量比较少。传统意义上的鬼仍然是"恶"的代表。善鬼一般指不加害于人甚至可以帮助人的鬼。

朦胧鬼

与人打官司,要祭此鬼,用此鬼去迷对方。祭时,用簸箕一只,置于正屋内靠大门的右边,内放米粑五堆,每三堆插香一炷,又酒五碗,纸钱五叠,箕外燃糠一碗。巫师穿便衣,手执筶,对簸箕而坐,念咒占卜。

产妇鬼

产妇鬼,是因生产而亡的女鬼,是女鬼中的善鬼。其特点一般不害别人,对自己的孩子特别喜爱,为了给孩子吃东西,不惜冒着被人识破的危险而为孩子外出觅食。

产妇鬼作为一种类型,人们更多地赋予她善良、朴素、可敬的一面,这多少曲折地表现了现实生活中妇女的特性和形象。

莫长鬼

此鬼影身高超过房子,不轻易伤人。晚上出门如碰见鬼影,迅速吐一口唾沫,脱下一只鞋往鬼影头顶扔,大叫一声:"我比你高!"即可平安无事。

此外还有前面提到过的"掠剩鬼"、"夜巡鬼"、"守桥鬼"

等都是善鬼。它们的共同特征是不轻易伤害人，必要时可以帮助或者保佑人。

在中国道教、佛教中，也有很多鬼的形象，如道教中的城隍、判官、钟馗、孟婆及东岳等，佛教中的饿鬼、鬼王、地藏王、罗刹、夜叉等，还有两教中共有的阎王、牛头马面、无常鬼等，其中许多也演化成民间信仰的一部分，前文也有提及，在此不再赘述。

各种各样鬼名的出现，是人类思维的一种进步。它摆脱了早期模糊的思维概念，将所有未知现象一言蔽之曰鬼，试图用准确的词汇来概括、细分不同鬼的类型。这是与社会发展和人们的认知分不开的。人们在认识社会的进程中，不断发现、不断总结，而不是用所谓的鬼名来自我惊骇，他们需要了解这些鬼确切的称谓，这是认知世界上还存在未被了解的领域，具有积极的社会意义。

总而言之，我们所说的鬼的类别，亦可称之为"鬼系"，就是以鬼为系统的体系，然而在一些后进的民族中，这一体系十分不完整，可以说是处于非常幼稚的阶段，因此不宜称鬼系,还是以其类别相称更适宜些。

中国少数民族宗教里出现了不少的神,然而更多的是鬼。据统计独龙族中的神只有一种,而鬼却达十一种之多。因此,鬼作为一种类别来划分,已经非常发达了。

首先是自然鬼,这是大量的,亦是最初的鬼的一种类别。人类生存的先决因素,要适应各种环境,要适应各种大自然的条件。人们由于对自然现象的不理解,就误认为自然现象本身是有生命的,和自己一样,只不过它们属于另一个世界。再又因为生产力低下,人类战胜自然的能力极其微弱,只能凭借本能来生存,而对各种突然出现的自然现象无能为力、束手无策。例如山洪、大火、巨风、泥石流等带来的毁灭性的灾难,人们毫无抵抗能力,只有恐惧和惊吓。这种惧怕和不安,就成了产生自然鬼的思想基础。他们以为,之所以造成自然灾害,是由于有一种看不见的能驱使自然的力量(亦可称怪物)。这种看不见的力量,就是人们心目中的鬼。此鬼属于自然鬼。另外,还有一些鬼其类别虽不甚相同,但是它们所产生的思想根源大致就在于此。

　　恐惧是原始人的一种心理。有了恐惧,才产生了各种鬼的概念。

　　自然鬼则属于恐惧自然灾害的产物。

　　自然现象范畴十分宽泛的,其中包括任何一山一水、一草一木、雷电雨雪、风云日月等。不过,概括起来,主要有山鬼、地鬼、树鬼等一些与人们的生产活动直接相关的鬼,独龙族把鬼称为"不郎",自然现象方面的鬼,大致有山鬼、路鬼、天鬼等十多种。德昂族亦崇拜自然鬼,他们崇拜的自然鬼有树鬼、地鬼等多种。

　　祖先鬼又是鬼的一种类别。

　　这种鬼的出现是随着祖先崇拜意识的产生而出现的。如在黎族,普遍认为最有力的鬼是祖先鬼,人们认为,祖先生前是一家之主,与人们共同生活,死后仍和家人保持密切的关系。如果得罪了祖先鬼,就会招致各种不幸。黎族许多家庭里设有祖先的灵牌和偶像,个别地方还建有祠堂。不过,据调查,人们对祖先鬼的概念总的来说还停留在恶鬼的阶段。祖先鬼对人们主要起着危害作用。如合亩制地区在杀牲供奉的时候才能念祖先的名字,平时严忌念及,否则让鬼听到它的名字,就会给家人带来疾病和灾难。但在与汉族相邻的一些黎族中,祖先鬼已具有"善鬼"的性质。土家族过去亦有迷信鬼神、崇拜祖先的习俗,他们把祖先也是当作鬼来祭祀的。

职业鬼另属鬼的一种类别,主要是据其所依附的职业而言。在傣族,一些手工艺人崇拜铁匠鬼、酒鬼等。

非正常死亡之鬼又属另外一种类别。非正常死亡的原因有多种,如冤死、饿死、吊死、难产死亡、冻死等。因这些原因死亡的鬼,一般称之为凶鬼。拉祜族称饿死鬼为"麦你",冷死鬼为"戛你"。除此之外,还有一些形形色色的鬼。如佤族,使人头痛、肋骨痛、脚痛的鬼称为"吉轴",使人皮肤发痒的鬼叫"阿瑞",夜间变鸡或狗害人的鬼叫"司呢",使人耳朵痛的鬼叫"阿人各",各种各样的鬼,举不胜举,但都是危害人的鬼。

由此我们可以看出:鬼在原始初民宗教意识中是占据第一位的,以致一直影响到后世。这一时期,鬼的形象一般都是恶鬼的形象,无论其属于哪一种类型,均如此。

虽然,我们列举了鬼的各种类别,但是这时鬼还无一定的体系,尚处于自由分散的状态中,这是客观的社会现实和思想意识的局限所造成的。景颇族人以太阳鬼为最大,地上的鬼以地鬼为最大。这种划分,反映了农耕社会的特征,说明自然条件对农业经济的重要影响。在黎族的宗教意识中,神的概念尚未出现,但已有各种信仰的鬼,祖先鬼、山鬼、地鬼、猴子鬼、吊颈鬼、门鬼、灶鬼等。这些鬼一般分为大鬼和小鬼,所依根据是按其对人们的生产活动和日常生活的影响程度,并不意味着大鬼统治或控制小鬼。从这两个民族的原始宗教中,我们就可以看到鬼尚无尊卑、上下之分,这属于宗教萌发初期的现象,它也直接反映了还未出现阶级分化的社会现实。到了阶级社会里,鬼开始分化了,最高统治地位的鬼出现了。《潜夫论》卷六:"且人有爵位,鬼神有尊卑。"这里就明显地说明了一个事实:社会现实中的人具有不同的地位,另一世界的鬼神亦有高低之分。侗族进入阶级社会以后,他们的宗教里出现了最大的恶神,叫"煞",是一切妖怪的主宰。人们敬奉它,畏惧它,祈求它约束其他鬼怪。

第五篇　「鬼话」连篇

既说鬼,就不能不说到鬼话。随着民间文化研究的逐步深入,鬼话,作为一种文学体裁被提了出来,从而成为和神话、仙话、佛话并列的概念。它是指以鬼为中心的叙事作品,属民间文学的一个分支。鬼话是各种各样鬼的叙述作品的载体,也是研究鬼文化的主要依据。

中国鬼话

在中国,鬼是相对于人而言的另一个世界中的形象。据考古学家对周口店山顶洞人墓葬的考察,发现至少从那时起,人们已经具有明显的灵魂观念和人死后灵魂继续生活的认识。也就是说,早在那个时候鬼的概念就已经形成。随之而来有关鬼的传闻也就逐步产生,这就是鬼话的雏形。可以说,鬼话不仅历史源远流长,内容博大精深,且民众基础牢固深厚。但在历史上又没有一部专门的鬼话著作。直至20世纪60年代初,中国科学院文学研究所编辑出版了《不怕鬼的故事》一书。虽然出版该书的初衷是为当时政治服务的,意在鼓励人们不怕鬼、不信邪，而且内容单一，但从历史角度看，应该可算作中国第一部鬼话专辑。长期以来，鬼话、神话、仙话就像三胞胎，一直孕育在志怪小说类作品这个母体之中。例如《聊斋志异》，全书四百多篇，其中鬼话八十多篇，差不多占五分之一篇目。据《中国鬼文化大辞典》不完全统计，自先秦以来，包含鬼话的书籍达四百六十多种。而蕴藏在民间的鬼话故事则不计其数。因此，在中国文学史上，只笼统论及志怪，且多偏颇之辞，这是不公平的。现在是该让鬼话恢复它在文学史上应有的历史地位的时候了。

1989年上海《民间文学季刊》第二期上刊登的《鬼话，中国神话形成的中介》一文，首先提出了鬼话这一民间文学的概念。在此之前，尚未有人提出过这种学术的分类。

鬼话这一文学体裁新概念的提出，首先与当今国内客观、和谐、开放的政治氛围和学术气氛是分不开的。建设社会主义和谐社会，应该满足人民群众多元化的文化需求。而专家学者的义务，就是研究、挖掘传统的文化蕴藏，恢复其历史真相，从而给人们一个合理的交代。其次，这亦是民间文学发展的需要。在鬼话这一旗帜下,通过在全国广泛征集,《中国鬼话》《中国鬼话故事》相继问世。这是前无古人的民间专题采风活动。古人囿于交通、通讯条件的限制,不可能像现在这样大规模、大范围搜集民间故事。至今仍在民间口口相传的活的鬼话故事数不胜数。可以想象,今后还会有更多的鬼话故事独立刊行于世,从而大大丰富民间文学宝库。对于历史上存在于大量文籍之中的鬼话的剥离、汇集,则首先出于鬼文化研究的需要。1994 年出版的《中国鬼文化大辞典》就做了这样的尝试。辞典对作为鬼文化重要组成部分的历史上的鬼话故事集中作了简介,以供鬼文化研究者参考,这种做法也是前无古人的。

　　在中国文学史上,"鬼话"的概念被提出之前,相关文字内容历来被称为志怪小说、笔记小说。其实,它们与神话、传奇、寓言都存在概念交叉的现象。往往同一篇文章,既可看作志怪,又可看作寓言。例如《聊斋志异》中的《画皮》就是一例。志怪、传奇是传统的分类法;小说、寓言则是近代的分类法,明显受到西方文学史论的影响。其实,从世界范围来看,文学史论各有其历史的民族的背景,从而形成各自不同的体系。传统的文学史论有一个与时代精神靠拢的问题,西方的文学史论则有一个与中国具体情况相结合的问题。只有处理好这两个问题,才能正确解决文学史遗留问题。当然,鬼话这一概念的提出,主要不是为了解释文学历史问题,而是基于一种认识。既然神话作为一种体裁,在文学史上享有很高地位。那么早于神话产生的鬼话为什么就一定非被打入另册呢? 随着对历史上存在的鬼话整理研究的逐步深入,随着全国应征鬼话稿件像雪片一样纷至沓来,其中有些鬼话并不比两千年前被记录的鬼话年轻,艺术性也不比历史上的鬼话逊色。鬼话这一概念一经提出,立刻引起学术界强烈反响,不仅得到广泛认可,并且产生了显著的社会效果。

鬼话演变

　　鬼话的历史发展无论从文学形态还是从其中出现的鬼的形态来看,都经过了三种形态的演变,即原生态、衍生态、新生态。所谓原生态,是指鬼话的雏形阶段,产生于人类社会的早期,主要表现为人类对自然现象变化的恐惧。这时鬼话中鬼的形象大都具自然属性,与万物有灵观念是分不开的。如今要寻找这种原生态的鬼话显然是困难的。即使是像《山海经》那样的反映远古历史地理文化的古籍中的鬼话都很少真正反映其原始形态,因为那一历史时代离我们太遥远了。但有些鬼话虽非原生态,却多少还保存了原生态的内容,仍然值得重视,是研究人类早期鬼话的重要依据。例如,南朝宋刘敬叔《异苑》卷六记载:"元嘉中,魏郡张承吉息元庆,年十二,见一鬼,长三尺,一足而鸟爪,背有鳞甲,来招元庆。恍惚如狂,游走非所,父母挞之。俄闻空中云:'是我所教,幸勿与罚。'张有二卷羊中敬书,忽失所在。鬼于梁上掷还一卷,少裂坏,乃为补治。王家嫁女,就张借□,鬼求纸笔代答。张素工巧,尝造一弹弓,鬼借之,明日送还,而皆折坏。"这则鬼话虽非纯原生态面貌,但从文中所说的鬼带有明显的动物特征来看,分明为原生态鬼话的残存。

　　云南佤族有则神话《司岗里》中也隐约可以看到这一原

生态鬼话的影子。故事讲的是远古时候,"天和地是用铁链拴在一起的,离得很近。地上的万物不自在了,不歇气地向里和伦抱怨。里和伦派达能用巨斧砍断了拴着天地的铁链。天高高地升上去,地低低地降下来。从此,天地分开了"。这里的里、伦为天神、地神,达能为动物神。这篇神话虽是当代搜集整理的,其实它十分古老,蕴藏着丰富的文化内涵和大量的历史积沉。这里所说的里、伦、达能绝非现代意义上的神,而是原始的宗教信仰中的鬼。因为对佤族人来讲,鬼和神并没有区分,而是同一的,指的是他们观念中以鬼的形象出现的灵魂。只有这样去认识,才能符合当时的历史,才能与远古时期宗教信仰相一致。

从文学形态看,原生态鬼话的基本特征主要有两点:一是作为文学形象的鬼具有泛鬼的性质。万物有灵,皆可变鬼。二是反映的矛盾冲突多为人、鬼与物或自然的斗争。

鬼话的第二种形态为衍生态。这种形态的鬼话,大致出现于人类产生阶级分化的历史时期。主要表现为鬼亦开始分化,出现了神的形象。一部分鬼因其常做善事而被奉为神,另一部分鬼因做了危害众人的事而变成恶鬼。正因为这样,鬼窄化成了人们讨厌的对象。表现在民间创作中,鬼就成了以害人为宗旨的形象。这时鬼的主要特征是野性十足,以人为食,表现了鬼作为恶势力代表的残忍本质。所有这些都是为了抬高神的地位,以体现人们的善恶观点。

在民间故事中,有不少这类恶鬼形象的鬼话,《孕妇不吃芭蕉花的来历》就属其中之一,说是很久以前,人和鬼住在一起的时候,分不清谁是人谁是鬼。有个叫白蜡子的小伙子娶了一个鬼姑娘做妻子。妻子怀孕后,想吃芭蕉花,丈夫就砍来一大桶。妻子见了不高兴,说这不是她要的芭蕉花,要他快到她母亲家,就知道她要的是哪一种芭蕉花。白蜡子到了岳母家,把情况一说,岳母知道后,递给白蜡子一个用细藤子捆着的大麻叶包,并说这就是我家姑娘最喜欢吃的芭蕉花。白蜡子觉得奇怪,打开一看,才发现里边是一个又白又嫩、带着血迹、还在颤动的胎儿。到了家,妻子接过"芭蕉花",连忙拿到屋里大口大口地咬吃起来。这时白蜡子才发现他的妻子不是人,而是一个吃人的恶鬼。于是,他找来一把大斧头,奔进屋,一下就把女鬼杀了。从此以后,基诺人认为只要妇女怀孕时想吃芭蕉花的就不是人而是鬼。

这种衍生态的鬼话,表现的是人、鬼之间的直接争斗。其特征为,一方面是鬼的凶残和肆虐,另一方面是人如何识破鬼的面目而最终除尽鬼魅。这时鬼的形象,还没有自己的个性,与人的形象相差无几。这说明了这一时期的鬼是从原生态的土壤中衍生、发展起来,仍与之有着千丝万缕的联系,因此带有许多自然生态中的动物性的特征。为了更好地说明这一点,我们可以老变婆故事为例。老变婆故事是一种故事类型,其渊源相当久远,现已程式化,有了很大的变异,成了许多民族传统的故事,影响很大。

老变婆是南方民族的称谓,是指会吃人的鬼。其故事基础情节是深山中住着一户人家,妈妈要去外婆家,行前关照家中的两姊妹,不见妈妈叫门,千万不要开。谁知此事被老变婆听到。它吃掉了妈妈,装成妈妈的样子前来叫门。两姊妹信以为真,开门让老变婆进了家。夜里,老变婆与妹妹睡一头,将妹妹吃了。姐姐知道情况不妙,设计逃走。老变婆得知姐姐逃跑,前去追赶。天亮后,姐姐用计杀了老变婆。有的故事说一男子恰好路过,帮助姐姐杀死老变婆。不管怎样,故事是以老变婆的死而告终的。

在很多民族的类似故事中,老变婆这一名称又有各种叫法,有的叫狼外婆,有的叫虎外婆,有的叫妖精婆,有的叫人熊婆等。然而究其根本,就可以发现这些所谓的"外婆",都有动物的特征。在这类故事中都有一个类似的情节:当"外婆"来喊开门时,姐姐发现其声音不对,就要其把手伸进来看看,谁知"外婆"的手一伸进门,两姊妹就发现她的手毛茸茸的,不似人的手,更像动物(如狼、虎之类)的爪。这一细节,不仅是故事情节发展的需要,为姐姐的细心处事、机智勇敢埋下了重要的一笔,而且富有文化历史价值的内容。毛茸茸的手反映了老变婆故事是十分古老的,是鬼话衍生形态的一种重要故事类型。所谓老变婆实际就是鬼。

有一非常古老的故事《变婆的来历》,就反映了这一传统的文化意识。相传有位神女,如巨人一般,生下六个蛋,孵化出雷公、老虎、龙、青蛙、蛇和人。那人叫盘古。一天,神女生病,盘古为了得到宝地,将神女活活掐死。雷公、老虎、龙、青蛙、蛇见此情景,争吵了几天。最后大家达成协议,谁的本领大,谁得那块宝地。盘古很有心机,"呼"了一口气,使雷公等全昏倒在地,然后用绳捆上。这时山上燃起大火,老虎、龙、青蛙、蛇都挣脱绳子逃走了,唯有雷公无法挣脱。这时,有一白发老太婆忙替雷公解绳子。解了半天,绳子解开了,老太婆却被烧死了。为了报答老人的救命之恩,雷公上天时对着尸体说,你救活了我,我要给你第二次生命。这样一说,老太婆便活转过来,成了变婆(即民间传说中的鬼)。由此可见,变婆是一种鬼的形象。这里的鬼,和今天所说的鬼有了共同之处,那就是鬼是由人死后变成的,与以前万物有灵有了根本性的差别。正是在这样的基础上,我们可以说老变婆故事是鬼话的一支,其源于鬼话。由于历史、社会、思想发展的缘故,从而进化成今天人们常说的狼外婆故事、虎外婆故事。这是一种异化现象。

鬼话的第三种形态为新生态。这时鬼的形象已从凶残、恶毒、张牙舞爪的单一模式变为形象多样化。虽然其中仍有一部分还未脱离原来的丑恶形象,但另有一部分已变得和蔼、可亲、可近,具备了各种复杂的人性。有相当大的一类故事,表现人鬼之间男女爱慕之情,情节委婉动人,并不亚于人与人之间的情感。清长白浩歌子《萤窗异草》二编卷二记载一《祝天翁》故事,其中有段云:

> 子在田中,自计:"鬼若来此,诚无地可避;盍纳之,少识裙下乐,死亦无憾。"因不复惧,假寐以俟,向恐麾之勿去,今且虑招之勿来。候之宵深,倦极思睡。俄若有人小语曰:"我来矣,何寝耶?"子亟起视之,星月皎洁,女果艳妆如平生,掩笑而至。子故熟识,不再问名,遽拥之就枕。女本荡妇,子亦伟男,随相得甚欢。事讫,子询女曰:"若言为吾妇。其信然乎?"女曰:"业已妇矣,何问也?"子曰:"不然。所谓妇者,事吾亲,育吾子,操吾家计,良不止为一夕之欢。"女曰:"此亦非大难事。妾为父母所贱,殁后厝之浅土,霜露沁骨,草莽缠骸,更惧为豺犬所攫,徒饱馋口。君能徙妾高阜,且深埋之,当为

君鬼妻，一切如命。"子疑其罔己，诘曰："鬼亦能诞育如人耶？"女答曰："能。凡人暴卒者，魂气凝聚不即散，能施能受，妊娠如常，此自然之理也。病然后殁，则不能矣。"子因笑曰："然则汝之所怀者，亦将临蓐矣。"女赧颜久之，始曰："君勿诮。妾畴昔良有此事，但胎随人死，且在尸中，今之许君者，魂也。"子信其言，益深眷恋。直至村鸡群唱，女乃辞去。

子归，不敢告父，夜则荷畚锸而往，俟候良久，人迹渺矣，径诣女子葬处，且祝曰："若无误我。"甫启尺埌，即得女尸，月下谛视，面色如生，犹未朽。子乃极力负之于岗，为深坎而瘗之，插柳其上，记认而归。比至庐居，女早曼立相待，见子喜曰："君信人也。掩骼之德，百身莫酬矣。"子曰："盍先犒予？"因挽之欢会，谋及长策。女曰："阿翁凡事皆诿之于天，君即以此绐之。随所见皆曰天佑，翁必不疑。翁不疑，则人亦可以无疑。从此饔飧嗣续，妾请任之，但不克显然井臼，并代君乳哺耳。"子欣然从其计,女复别去。无何而翁来,语子令返,言:"偷儿欺予耄老,将逾墙,汝仍归宿,我处于此。"盖翁心多疑,非实有是事也。子心窃喜,遂复归,女果夜至。命之寝,则曰:"妇职宜先尽也。"遂为子缝纫,夜分始寐。鸡未鸣即起,操箕帚,躬炊煮,约足一日之需,乃皇然去。翁归就食,见其整洁异乎平时,甚讶之。疑子所为,都又不类。踌躇间,子乃笑曰:"父勿言,此天佑也。儿归,物已具,亦莫解其由。既而思之,非天意而何?"果释然。嗣是,遂以为常而不之怪。

这一段情节,写人鬼之情何等细腻,何等动人。子由惧转而为期待,由取乐因相得甚欢而又谋及长策,于是践约徙瘗尸骨在先,依计托天绐翁于后,终遂人愿。尤其那女鬼,来则小语招呼,艳装掩笑而至。面对子的询、诘,她或婉言相求,或慷慨陈词。说到隐私之处,则赧颜久之。及至子完成移骨使命,则曼立相待,欣喜答谢。继而为求相安替子出谋划策,以善意的谎言哄骗老父;克尽妇职,晚睡早起,使这个不完整的家庭"整洁异乎平时",最后"乃皇然去"。一个皇字,把身为女鬼不得不去,而又不忍早去,总是挨到最后时刻才去那种心态,刻画得入木三分。一个忠实、善良、温柔、多情的女鬼形象跃然纸上。

新生态鬼话的另一个基本特征,是鬼话中人鬼活动的领域大为扩展。由于佛教、道教等宗教的介入,具有原始宗教意识的鬼话,从思想到内容都产生了新的变化。中国民间所信仰的阴间主宰本是东岳大帝,佛教传入后,地藏菩萨则逐渐替代了东岳大帝,成为地府的主人,并形成了具有中国特色的风俗习惯。《集说诠真》记载:"七月晦日为地藏王诞辰。相传月值大建为菩萨开眼,小建为不开眼。是日吴俗有妇女脱裙之举。裙以红纸为之,曾生产一次者,脱裙一次,则他生可免产厄。黄昏时比户点灯庭阶,谓之地藏灯。儿童聚砖瓦成塔,烧赝琥珀屑为戏。"这说明佛教已为普通群众所接受,成为他们日常生活的一部分。正因为如此,鬼话中亦出现了地藏王的形象。《通俗篇》引《江湖杂记》云:

　　桧既杀武穆,向灵隐祈祷。有一行者,乱言讥

桧。桧问其居址,僧赋诗有"相公问我归何处,家在
东南第一山"之句。桧令隶何立物色。立至一官
殿,见僧坐决事,立窃问之。答曰:地藏王决桧杀
岳飞事。数卒遂引桧至,身荷铁枷,囚首垢面,呼告
曰:"传告夫人,东窗事发矣。"

除此之外,还有大量的和尚、道士与鬼争斗的故事,亦都
属于佛教、道教等宗教影响民众的结果。这反映了民间流传
的各种信仰之间的不同看法,也是鬼话矛盾冲突的基本构成
要素,为鬼话中新加入了故事情节和人物形象。同样,地狱之
说也来自佛教,本指死者灵魂所至的安息处所,相传有八大地
狱。但随着佛教在中国的传播,不断地本土化,地狱之说逐渐
深入民众心中,并加入了中国人固有的传统的数字概念,逐渐
形成新的十八层地狱之说,也为鬼话提供了新的活动场景。

鬼话鉴赏

要把鬼话在中国文学史上的发展脉络及其地位表述清

楚并非易事,因为在文学史上没有鬼话这一提法。鬼话虽是独立成篇,但往往和狐话、仙话这些故事相杂记载,而人们述史也是统而论之的。但既然说到鬼话与文学的关系,这个问题又不能回避。因此,只有面对历史现实,有些地方也就只好沿用传统提法。

据文献所载,最早记录鬼话的典籍应是《周易》,而对鬼话及同类传说作大量记录的当属侈谈鬼怪的魏晋南北朝时期的志怪小说。此类笔记体著述被统称为志怪。《中国小说史略》一书称:"汉末又大畅巫风,而鬼道愈炽……凡此,皆张皇鬼神,称道灵异,故自晋迄隋,特多鬼神志怪之书。"这一时期的代表作有祖台之的《志怪》、干宝的《搜神记》、刘义庆的《幽明录》、刘敬叔的《异苑》等。此类著述对后世影响很大,唐宋元明各代都有继承,到了清代则有更大发展。主要标志就是蒲松龄《聊斋志异》和纪昀《阅微草堂笔记》的产生。20世纪初期,鬼话的创作、传播和搜集并未停止,逐步迎来了今天这样一个空前活跃的历史新时期。

在中国文学史上,首先对志怪小说发表评论的是唐代刘知几。他在《史通·杂述篇》中说:"若论神仙之道,则服食炼气,可以益寿延年;语魑魅之途,则福善祸淫,可以惩恶劝善。及谬者为之,则苟谈怪异,务述妖邪,求诸弘益,其义无取。"这里,他对服食求仙、因果报应的作品给予了充分的肯定,而对志怪小说则采取了一笔抹杀的态度。一千多年以来,人们对志怪小说的看法,始终没有摆脱刘知几的影响。但志怪小说却又偏偏能顽强生存、曲折发展。个中原因,历代有识之士还是能品出一二的。宋人曾慥在《类说·序》中说:"可以资治体,助名教,供谈笑,广见闻,如嗜常珍,不废异馔,下箸之处,水陆具陈矣。"明代施显卿说:"遇变而考稽,则可以为征验之蓍龟;无事而玩阅,则可以为闲谈之鼓吹。"清人梁章钜也说:"足资考据,备劝惩,砭俗情,助谈剧,故虽历千百年而莫之废也。"和刘知几相比,他们对志怪小说的基本看法,与刘知几是一脉相承的,但他们又毕竟品味到了志怪小说的趣味性和娱乐性。《避暑录话》一书记载了苏东坡的一段轶事:"子瞻在黄州及岭南,所与游者,各随其人高下,谈谐放浪,不复为畛畦,有不能谈者,则强之说鬼。"苏氏当时受排挤迫害,流放在外。在百无聊赖之中,与众游人说说笑笑,排解郁闷。有人不大开口,就让他说个鬼故事或鬼笑话。据说苏东坡是不信鬼的,但却强迫别人说鬼。显然,此老是在靠听鬼故事、鬼笑话来消解心中的块垒。

在志怪小说中,趣味性、娱乐性的故事俯拾皆是。《太平广记》卷三百二十二引《幽明录》之《王志都》,叙述马仲叔鬼魂替王志都娶妻的故事:马仲叔与王志都皆辽东人,相知甚厚。叔先亡,后年忽形见都,云念都无妇,当为娶之,十一月二十日送来。至日,天忽大风,白日昼昏,都寝室中忽有红帐自施,一妇花媚庄严卧床上,人无敢近,唯都得往。妇曰:"我河南人,父为清河太守,临当见嫁,不知何由,忽然在此。"遂为夫妻,往诣其家,大喜,以为天相与也。生一男,后为南郡太守。王氏凭空得一美妇,似在人们意料之外。但他有个相知甚厚的鬼知己,而鬼比人神通广大,一切似乎又在情理之中。娶一太守之女,自是喜出望外。而往诣其家,这桩没经媒妁之言的婚姻马上得到认可,被认为是"天相与",肯定还受到热烈欢迎,想必王氏亦非等闲之辈。这桩婚姻真乃门当户对,男才女貌,天作之合,虽不合礼法,却合情理。故事虽短,但读来让人陡生意趣。

志怪小说所描写的种种轶事,其实大多为现实生活的折射。《聊斋志异》一书中大多篇幅,都可以看到这种折射。例如《考城隍》:

予姊丈之祖,宋公讳焘,邑廪生。一日,病卧,见吏人持牒,牵白颠马来,云:"请赴试。"公言:"文宗未临,何遽得考?"吏不言,但敦促之。公力疾乘马从去。路甚生疏。至一城郭,如王者都。移时入府廨,宫室壮丽。上坐十余官,都不知何人,惟关壮缪可识。檐下设几、墩各二,先有一秀才坐其末,公便与连肩。几上各有笔札。俄题纸飞下。视之,八字云:"一人二人,有心无心。"二公文成,呈殿上。公文中有云:"有心为善,虽善不赏;无心为恶,虽恶不罚。"诸神传赞不已。召公上,谕曰:"河南缺一城隍,君称其职。"公方悟,顿首泣曰:"辱膺宠命,何敢多辞?但老母七旬,奉养无人,请得终其天年,惟听录用。"上一帝王像者,即命稽母寿籍。有长须吏,捧册翻阅一过,曰:"有阳算九年。"共踌躇间,关帝曰:"不妨令张生摄篆九年,瓜代可也。"乃谓公:"应即赴任;今推仁孝之心,给假九年,及期当复相召。"又勉励秀才数语。二公稽首并下。秀才握手,送诸郊野,自言长山张某。以诗赠别,都忘其词,中有"有花有酒春常在,无烛无灯夜自明"之句。公既骑,乃别而去。及抵里,豁若梦寤。时卒已三日。母闻棺中呻吟,扶出,半日始能语。问之长山,果有张生,于是日死矣。后九年,母果卒。营葬既毕,浣濯入室而没。其岳家居城中西门内,忽见公镂膺朱帻,舆马甚众,登其堂,一拜而行。相共惊疑,不知其为神。奔讯乡中,则已殁矣。公有自记小传,惜乱后无存,此其略耳。

蒲松龄生前仅中秀才,后来在科场中则屡屡失意。因而常有怀才不遇的惆怅,对科举制度亦耿耿于怀。这在其作品中常有表现。从此篇《考城隍》中,一可见其对科举制度的迷恋。虽明知"文宗未临,"但遇考试仍不愿错过,坚持带病前往。因为当时科考是读书人唯一的晋升机会。一可见其通过对阴间科考录用的公正描写,来讽刺和抨击阳世的不公,表示对科举考试的愤恨之情。文中考试过程虽只写了寥寥几笔,但文题交代了,公文的关键内容亦交代了。"有心为善,虽善不赏;无心为恶,虽恶不罚"两句,将考题中"有心无心"一语巧妙、有机地写入文中,不但破题准确,而且语意深刻。对为了为善而为善的人不予奖赏,对无意中做了坏事的人不加重罚。那么,到底谁该受奖,谁该受罚呢? 显然,应该只奖赏那些不求报答而一心做好事的人;对那些知法犯法、故意作恶的罪犯和惯犯,则严惩不贷。应该说,这个立论是准确的。因而,对公的杰作,"诸神传赞不已",认为此人既有这番认识,当是城隍最佳人选,当场即被录用。这和蒲公多次科考,却与功名无缘,是个多么鲜明的对比啊。

揭露官吏徇私枉法,鱼肉百姓,也是志怪小说常见的主题。《阅微草堂笔记》中就不乏这样的篇目。例如该书卷二十四第十五则云:

　　有客游粤东者,妇死寄柩于山寺。夜梦妇曰:
"寺有厉鬼,伽蓝神弗能制也,凡寄柩僧寮者,男率
为所役,女率为所污。吾力拒,弗能免也。君盍讼
于神?"醒而忆之了了,乃炷香祝曰:"我梦如是,其
春睡迷离耶? 意想所造耶? 抑汝真有灵耶? 果有
灵,当三夕来告我。"已而再夕梦皆然。乃牒诉于城
隍。数日无朕兆。一夕,梦妇来曰:"讼若得直,则
伽蓝为失纠举,山神社公为失约束,于阴律皆获谴。
故城隍踌躇未能理,君盍再具牒,称将诣江西诉于
正乙真人,则城隍必有处置矣。"如所言,具牒投之。
数日,又梦妇来曰:"昨城隍召我,谕曰:此鬼原居
此室中,是汝侵彼,非彼摄汝也。男女共居一室,其
仆隶往来,形迹嫌疑,或所不免。汝诉亦不为无因,
今为汝重笞其仆隶,已足谢汝。何必坚执奸污,自
博不贞之名乎? 从来有事不如化无事,大事不如化
小事。汝速令汝夫移柩去,则此案结矣。再四思
之,凡事可已则已,何必定与神道争,反激意外之

患。君即移我去可也。"问:"城隍既不肯理,何欲诉天师,即作是调停?"曰:"天师虽不治幽冥,然遇有控诉,可以奏章于上帝,诸神弗能阻也。城隍亦恐激意外患,故委屈消弭,使两造均可以已耳。"语讫,郑重而去。其夫移柩于他所,遂不复梦。此鬼苟能自救,即无多求,亦可云解事矣。然城隍既为明神,所司何事,毋乃聪明而不正直乎?且养痈不治,终有酿为大狱时,并所谓聪明者,毋乃亦通蔽各半乎?

纪昀出身大户人家,30岁步入仕途,晚年官居显要,一生基本上是个学官,于学术文章上下功夫,生活相对平安稳定。这样的人生经历,使他的思想趋于保守。但即使如此,他的志怪故事仍相当广泛地反映了清代生活,蕴藏着丰富的有价值的内容。文中的城隍可谓老谋深算,八面玲珑。面对鬼妇的申诉,他先是拖着不办,因为办了得罪神仙太多,"伽蓝为失纠举,山神社公为失约束,于阴律皆获谴"。后来鬼妇又上诉于天师,这一下城隍慌了。天师可是通天的,可以直接上奏玉皇大帝。城隍"恐激意外患",不得不"委屈消弭",

屈尊找鬼妇谈话。那段苦口婆心的谕辞特别精彩,既晓之以理,又动之以情,明明是在敷衍搪塞,却又装出一副设身处地为鬼妇着想的嘴脸,把一个工于心计、老练圆滑的官吏形象刻画得入木三分。一桩厉鬼欺男霸女的大案,就这样不了了之。故事的最后,作者对城隍"养痈为患"的行为直接进行了斥责。

志怪小说所折射的社会生活是多方面的,不仅反映封建统治者的罪恶,有的反映人们在战乱、灾荒中的种种不幸,有的称赞下层劳动人民的优秀品质,有的反映男女之间美好的爱情等,如此种种,不可尽述。

中国古代鬼话故事的文学价值,不仅反映在内容上对古代社会作了全面的描述,在艺术表现上,也随着历史的发展而日趋成熟。作品情节丰富,曲折多变,人物形象,包括鬼的形象也更鲜明、生动了,更加凸显小说的特色。最能代表鬼话艺术成就的当推《聊斋志异》。前文已多有引用。

在鬼话写作方面,还不得不提及一个人,就是袁枚。

袁枚是清代著名诗人、作家、评论家、美食家,还是鬼文化的专家,他收录了许多口传的鬼怪故事,并加以整理提炼,最后集成《子不语》(又名《新齐谐》)二十四卷,与纪晓岚《阅微草堂笔记》齐名,同时他的《续新齐谐》中也有一些与鬼神相关的作品,成为至今研究鬼神文化的重要资料。

袁枚出生于浙江钱塘(今杭州),乾隆进士,历任溧水等地知县。由于袁枚一直在社会底层,与老百姓有着直接的接触,懂得民众的心理,更了解他们的文化,因此记录了大量的鬼文化的内容,《子不语》是这一方面的代表性作品集。

《子不语》常常运用的是做梦的方式,引述了各种各样的鬼话。《南山顽石》就是一例:

> 海昌陈秀才某,祷梦于肃愍庙。梦肃愍开正门延之,秀才逡巡。肃愍曰:"汝异日我门生也,礼应正门入。"坐未定,侍者启:"汤溪县城隍裹见。"随见一神峨冠来。肃愍命陈与抗礼,曰:"渠属吏,汝门生,汝宜上坐。"秀才惶恐而坐。闻城隍神与肃愍语甚细,不可辨,但闻"死在广西,中在汤溪,南山顽石,一活万年"十六字。城隍告退,肃愍命陈送之。

至门,城隍曰:"向与于公之言,君颇闻乎?"曰:"但闻十六字。"神曰:"志之,异日当有验也。"入见肃愍,言亦如之。惊而醒,以梦语人,莫解其故。

利用梦与鬼进行交往,是顺理成章的事情。正是这样的缘故,作品才能让人信服;此外,还能造成玄而又玄的艺术境地。在这样的境况下,作者有了更好的发挥空间,不会受到现实社会、极端政治的影响,因此就能够自然地表现作者的思想及其情绪。

另外,袁枚《子不语》利用民间信仰,将鬼话放在具有代表性的鬼文化地方,并以此来展开各种情节,其中还包含其民俗,进而使得情节更加令人信服,如《丰都知县》一文就是典型。

四川丰都县,俗传人鬼交界处。县中有井,每岁焚纸钱帛镪投之,约费三千金,名"纳阴司钱粮"。人或吝惜,必生瘟疫。国初,知县刘纲到任,闻而禁之,众论哗然。令持之颇坚。众曰:"公能与鬼神言明乃可。"令曰:"鬼神何在?"曰:"井底即鬼神所居,无人敢往。"令毅然曰:"为民请命,死何惜? 吾当自行。"命左右取长绳,缚而坠焉。众持留之,令不可。其幕客李诚,豪士也,谓令曰:"吾欲知鬼神之情状,请与子俱。"令沮之,客不可,亦缚而坠焉。入井五丈许,地黑复明,灿然有天光。所见城郭宫室,悉如阳世。其人民藐小,映日无影,蹈空而行,自言"在此者不知有地也"。见县令,皆罗拜曰:"公阳官,来何为?"令曰:"吾为阳间百姓请免阴司钱粮。"众鬼啧啧称贤,手加额曰:"此事须与包阎罗商之。"令曰:"包公何在?"曰:"在殿上。"引至一处,宫室巍峨,上有冕旒而坐者,年七十余,容貌方严。群鬼传呼曰:"某县令至。"公下阶迎,揖以上坐,曰:"阴阳道隔,公来何为?"令起立拱手曰:"丰都水旱频年,民力竭矣。朝廷国课,尚苦不输,岂能为阴司纳帛镪,再作租户哉? 知县冒死而来,为民请命。"包公笑曰:"世有妖僧恶道,借鬼神为口实,诱人修斋打

醮,倾家者不下千万。鬼神幽明道隔,不能家喻户
晓,破其诬罔。明公为民除弊,虽不来此,谁敢相
违?今更宠临,具征仁勇。"

从这段文字,可以清楚地看出知县刘纲的铮铮铁骨和不
怕鬼神的气概。

其主题十分积极,反映的是不怕鬼神的精神。所谓"纳
阴司钱粮",原是一种风俗,正是这样,劳民伤财,民不聊生,
还被说成是不向阴司烧纸钱,就会有灾难降临,其实这并非
是鬼神需要,而是阳间的"妖僧恶道,借鬼神为口实,诱人修
斋打醮"。这句话,一语道破天机,害得百姓苦不堪言的是
"妖僧恶道",而不是阴曹地府。从而,也客观地揭露了人世
间的阴暗和恐怖,表现了袁枚积极的社会思想。

此篇鬼话,是在丰都这样一个大背景下展开,有一定的
说服力。俗信,丰都是人鬼交界处,因此就有可能成为刘纲
入去地狱的地方,而不会感到突兀。整个故事情节、人物关
系显得合理、流畅,充分表现出鬼话的想象力和创造力,同时
也符合民众的审美情趣。

第六篇　艺术魅影

在中国,不仅作为小说的鬼话经久不衰,以鬼为主题的绘画、戏剧、舞蹈等也历史悠久、流传广泛,成为独特的艺术门类。近年来,作为新兴艺术的电影也对鬼形象、鬼故事情有独钟。而作为鬼的形象也在这些不同种类的艺术作品中得到再现,得到复活,从而给人们带来了无限的愉悦。

镇鬼祛邪画

绘画是一门古老的艺术。早在文字产生以前,绘画就出现了。在五千多年以前的新石器时代,彩陶上就出现了蛙纹绘画,说明当时就有了蛙图腾崇拜。两千五百多年以前绘制的广西明江岸边的花山崖壁画,也是先人对蛙图腾崇拜的记录。壁画中以高大正面的蛙形人投影为画面中心。正面蛙形人五指分开向上,头戴不同饰物,腰挎环首刀,身前放置或被其降服、或作为祭品的动物,四周散置大小铜鼓若干面。正面蛙形人四周布满数以百计的侧身投影人。这些人数量多,形体小,以高举双臂和屈双膝面向巨大的蛙形人。这种以蛙图腾崇拜为内容的陶画、岩画,应看作是中国以鬼为绘画内容的起源。

清纪昀《阅微草堂笔记》卷二记载:"扬州罗两峰,目能视鬼……所画有《鬼趣图》,颇疑其以意造作。中有一鬼,首大于身几十倍,尤似幻妄。"此人所作《鬼趣图》是实有其事,也实有其人,就是清代扬州八怪的罗聘。

罗聘此画运用的是一种独特的技法,在打湿的画纸上作画,这样出来的效果,使得整个画面充满妖异幽冷的感觉。罗聘画鬼,与其家徒四壁、从官无门有关系,他不是单纯为了画鬼,有一定的寓意,为了表达对现实人生的不满。

在历史上以鬼为画,亦是屡见不鲜的。传统的《钟馗画》就是其中具有代表性的作品。

钟馗,是中国古代诸神中形象最为丑陋的一位,并且总是与阴间恶鬼相伴为伍,但人们并未因此而厌弃他。每到年节喜庆之日,人们都要张挂他的画像镇鬼祛邪。这种风俗始于唐朝。

《全唐诗》里收录了这样一首诗,名为《谢赐钟馗及历日表》。作者是唐明皇时一位宰相,名叫张说。诗中说感谢皇上赐给自己的钟馗神像和历日表。后来的大诗人刘禹锡也曾写过类似的诗篇。由这些唐人诗句不难看出,钟馗在唐朝时已是声名赫赫,钟馗画由宫中统一绘制,然后和历日表一起赏赐给大臣。张挂钟馗神像成为当时上层社会的一种政治待遇,以后则演变为流行的年俗。

唐代的画圣吴道子是第一位擅长钟馗画的大师。虽然他的钟馗像画作现已失传,但北宋时还有人在皇宫里见到过。北宋鉴赏家郭若虚,详尽描述他所见吴道子的钟馗像真迹。郭若虚在《图画见闻志》卷六《近事》中写道:"昔吴道子画钟馗,衣蓝衫,革敦一足,眇一目,腰笏,巾首而蓬发,以左手捉鬼,以右手抉其鬼目。笔迹遒劲,实绘事之绝格也。"所谓"衣蓝衫",有人认为是褴褛之衫,那倒也未必。古时中了秀才就着蓝衫,做了官才能衣红衣紫。蓝衫可以理解为读书人所着的衣衫。"腰笏"是说腰带上别着笏,是大臣上朝时手中持的记事牌。"巾首而蓬发"则是描写他儒生身份和落魄的仪表。从北宋书画鉴赏家郭若虚对吴道子的钟馗画描述来看,钟馗的确是面目丑陋,出身贫寒的读书人形象。

钟馗画始于唐而盛于北宋,历经元、明、清各代,一直延续至今有一千多年,并由御赐逐渐扩大到民间流传,且不只是作为年俗沿袭。钟馗画民间习惯称之为判官、灵判。直至20世纪50年代,老百姓家中有人生病,特别是小孩病了,往往认为是有鬼作祟,就或借或买,在病人房间挂上一幅判官,以驱魔避邪。20世纪80年代以后,钟馗画重新流传于世。但此时人们则侧重把它作为民间工艺品来欣赏,似乎不再在乎它的驱鬼避邪作用。

钟馗画在流传过程中,也产生衍生现象。清沈起凤《谐铎》卷十一载韩公斗鬼故事,说樵阳郡韩公年轻时,携一奴游五岳,遇雪宿枯庙。半夜,忽阴风四起,来一恶鬼,渐长渐高,高出屋檐约三丈许。韩公忽亦长高,高出恶鬼。鬼遂俯伏而拜,说人作一亏心事,神气即短一尺,而公乃威烈丈夫,将来一定顶天立地,望好自为之,言毕而逝。奴目睹经过,问韩,韩却茫然不知。韩位至总戎,平寇阵亡,留下一幅伏鬼图,驱鬼甚灵,人称赛钟馗。这也可能只是一则传说,但从另一方面亦可看出钟馗画影响力的巨大。

鬼之戏剧

目连戏是中国最古老的戏曲剧种,指以目连救母为题材的剧目总称。内容大概说的是傅相一家三代,都是佛徒。傅相死后,他的妻子刘青提(又叫刘四娘)不敬神明,破戒杀牲,死后被打入阴曹地府,受尽苦刑的惩处。其子傅罗卜(即目连)前往西方求祈佛祖。佛祖为他所感动,准其皈依沙门,改名大目犍连(即"目连"),赐其"盂兰盆经"和锡杖,以救其母。目连游遍地狱,尽历艰险,寻母劝善,最后一家超升团圆。

目连戏非常古老,与唐代目连变文有一定关联。最早的历史记载,始见于南宋孟元老所著的《东京梦华录》一书,其文:"构肆乐人,自过七夕,便搬《目连救母》杂剧,观者倍增。"此记载说明,目连戏早在宋代已成为戏剧剧目,而且广受民众欢迎。

目连戏流传的地域很广,在江苏、浙江、安徽、河北、山东、湖北、湖南、四川、山西、福建、河南等地都有遗存。经过民间艺人的不断创作实践，有了不少短小的折子戏，如《下山》、《定计化缘》、《戏目连》、《调无常》、《男吊》、《女吊》等，成为许多剧种的传统代表性剧目。

目连戏之所以受到欢迎，因为它是集戏曲、舞蹈、杂技、武术于一身，有锯解、磨研、吞火、喷烟、开膛、破肚带彩特技和盘叉、滚叉、金钩挂玉瓶、玩水蛇、挖四门等表演，配合各种武术的拳法及套路，舞台上显得活跃灵动，另外服装、道具、化装、表演均有独特之处。且演出多在夜晚，其中的男鬼、女鬼、无常、判官等角色或诡异、或恐怖、或可爱、或逗乐，能够形成感官刺激及其视觉享受，因此为一般民众所喜闻乐见就在所难免了。周作人作《谈"目连戏"》一文说：吾乡有一种民众戏剧，名"目连戏"，或称曰《目连救母》。每到夏天，城坊乡村醵资演戏，以敬鬼神，禳灾厉，并以自娱乐。所演之戏有徽班，乱弹高调等本地班；有"大戏"，有目连戏，末后一种为纯民众的，所演只有一出戏，即《目连救母》，所用言语系道地土话，所着服装皆极简陋陈旧，故俗称衣冠不整为"目连行头",演戏的人皆非职业的优伶,大抵系水村的农夫,也有木工瓦匠舟子轿夫之流混杂其中,临时组织成班,到了秋风起时,便即解散,各做自己的事去了。由此可见,目连戏是一种民间色彩非常浓烈的戏剧品种,原本与佛教有关,但是在传统的演绎下,已经完全本土化了。

如今,目连戏入选国家第一批非物质文化遗产名录,也说明了目连戏的艺术及其传统已经得到了国家层面的认同。

除目连戏外,中国以鬼为主题的戏剧还不少。《中国鬼文化大辞典》收录鬼戏一百三十余出。这些剧目从时间跨度看,从宋代一直到当代都有。从故事来源看,虽不乏作者原创之作,但较多剧目都有出处,系作者改编。从内容看,题材较为广泛,有复仇戏、清官戏、申冤戏、爱情戏等。现例举一些代表作如下。

◎ 关汉卿《窦娥冤》、《蝴蝶梦》

关汉卿,名不详,号已斋叟,亦作一斋,元大都(现北京市)人。元熊自得《析津志·名宦传》说他"生而倜傥,博学能文,滑稽多智,蕴藉风流,为一时之冠"。明贾仲明为《录鬼簿》补撰的凌波仙吊词也说他"驱梨园领袖,总编修师首,捻杂剧班头",可见他在元初剧坛享有的崇高地位。他自称"我是个蒸不烂煮不熟捶不破炒不爆响当当的一粒铜豌豆"。他一生著述颇丰,编有杂剧 67 部,现仅存 18 部。

《窦娥冤》,全名《感天动地窦娥冤》,叙述一女子受冤而死,感动神灵的故事。楚州贫儒窦天章之女窦娥,幼年被卖给蔡婆家为童养媳。婚后丈夫去世,婆媳相依为命。流氓张驴儿图占窦娥,为窦娥所拒,乃以毒死蔡婆以威胁,不料误害己父。张诬告窦娥。官府严刑逼讯蔡婆婆媳,窦娥为救护婆母,自认杀人,被判死刑。临刑时,窦娥指天为誓,死后将血溅白练,且六月降雪,大旱三年,鬼神将为其明冤。后果一一应验。

《蝴蝶梦》,全名《包待制三勘蝴蝶梦》,叙述三个青年为报父仇杀死皇亲的故事。王老汉的三个儿子因念其父屈死,共谋打死了皇亲葛彪。包拯判查此案时,王妻主动提出将亲生子抵罪,以保王前妻所生二子。包拯夜梦三只蝴蝶鬼坠入蛛网,一大蝶救出二蝶,置一小蝶于不顾,包乃将小蝶救出,从而受到启发，设计释放王老汉三子。关汉卿其实写了不少鬼剧，还有如《绯衣梦》、《西蜀梦》，但其中仍以《窦娥冤》最为人熟知，最惊天地泣鬼神。

《窦娥冤》中的窦娥，是家喻户晓的悲剧人物，也是关汉卿塑造的最具影响力的戏剧典型人物形象。窦娥3岁丧母，7岁被卖作童养媳，17岁结婚，不到两年又夫死守寡。这个孤苦无依的女子，不但遭受着地痞无赖的欺侮，而且最终被官府无端杀害。她的一生正是劳动人民悲惨遭遇的真实写照。窦娥是一个本分善良的普通妇女。丈夫死后，她忍受着精神的痛苦和折磨，自认命运不好而自我安慰，安分守己，尽孝守节。但即使如此，她在黑暗的社会中也无法容身。张驴儿父子闯进了她的生活，她不得不起而反抗，坚决地拒绝了张驴儿的无理要求。对张驴儿的诬陷和县官的威胁，她毫无惧色，并且天真地相信官府是"明如镜，清如水"的。面对严刑拷打，她据理力争。即使"捱千般打拷，万种凌逼，一杖下，一道血，一层皮"，昏死三次，她仍不肯屈服。因为她认为自己是无辜的，一股正义的力量在支撑着她。只是在桃杌要拷打她的婆婆时,她才含恨屈招。无情的板子打碎了她对桃杌的幻想,但她还幻想上级官吏会加以复勘。直到最后押赴刑场时,她才对统治阶级完全绝望了。但她仍不低头。在第三折著名的[端正好]、[滚绣球]二曲中,她叱天骂地:"为善的受贫穷更命短,造恶的享富贵又延年,天地也做得个怕硬欺软,却原来也这般顺水推船。地也,你不分好歹何为地!天也,你错勘贤愚枉做天!"这番话对黑暗的社会进行了猛烈的抨击和愤怒的控诉,并把怨恨指向了封建社会的最高主宰。她在临刑前发下了三桩誓愿都得到了实现。这表现了窦娥的冤枉,也是对黑暗现实的强烈抗议。窦娥由一个本分善良的妇女被逼成为一个坚强的叛逆,被写得合情合理,真实可信。这部戏成功地塑造了"窦娥"这个悲剧主人公形象,使其成为元代被压迫、被剥削、被损害的妇女的代表,成为元代社会底层善良、坚强而最终被逼走向反抗的妇女的典型。

◎ 汤显祖《牡丹亭》

汤显祖,字义仍,号若士,又号清远道人,临川(今江西抚州)人。21 岁时中举,文名渐隆,然屡应会试不第。万历五年汤显祖第三次应会试时,因拒绝权相张居正的延揽而落选。这使他对朝政的昏暗有了切身的体会。至张居正去世,汤显祖才于万历十一年(1583 年)中进士,次年任南京太常寺博士,后升至南京礼部祠祭司主事。汤显祖是一个性情耿直、热心于政治的人,而明代官署却是一个安置闲散或受排挤官员的地方,在政治方面无可作为。汤显祖在南京的数年中,与顾宪成、高攀龙、邹元标、李三才等人来往密切。这些人与当权朝臣处于对立地位,是后来的东林党的重要人物或同情者。汤显祖因此也卷入了政治冲突。万历十四至十七年,江南水旱相继,瘟疫流行。汤显祖目睹民间的惨状,士大夫传统的积极用世的思想愈益强烈。万历十九年,他上《论辅臣科臣疏》,揭露赈灾官员的贪贿之行,并进而抨击宰辅,把万历朝的统治总结为前十年坏于张居正、后十年坏于申时行,言之凿凿,震动朝野,因此被贬为广东徐闻县典史。至万历二十一年后,汤显祖在浙江遂昌县做了五年知县,为政宽简,颇有官声。但他对从政渐渐失去了热情,深感时事不可为,终于辞职还乡。晚年的精力,主要用于戏剧创作。汤显祖早年创作以诗文为主,他的诗赋集《问棘邮草》曾受到徐渭的赞扬。在反对后七子及其追随者的模拟与复古文风上,他和徐渭都是有力的人物。在戏剧方面,他最早的作品为万历初年所写的《紫箫记》,未完,后于万历十五年改编为《紫钗记》。其余三剧即《牡丹亭》、《邯郸记》、《南柯记》,均作于辞官以后的晚年。这四种传奇以其书斋名合称《玉茗堂四梦》。世人则习惯称之为临川四梦。

鬼戏《牡丹亭》,一名《还魂记》,全名《牡丹亭还魂记》,叙述杜丽娘因与书生柳梦梅相恋由生而死再复生的故事。南安太守杜宝为使女儿丽娘知书识礼,延请老秀才陈最良为师,专教丽娘。听了老师关于《诗经·关雎》的讲解后,杜丽娘心有所感。在侍女春香的怂恿下游园解闷。她昼寝梦中与书生柳梦梅相亲相爱,醒后十分伤感,以致一病不起,死后葬于后花园老梅树下。三年后,柳梦梅到南安养病,偶然间拾到了一幅杜丽娘的自画像,并且对"画中人"生了痴心,整天"姐姐"、"美人"地叫着。已在地府受了冥判允许还阳的杜丽娘见柳梦梅就是当年梦中之人,现又如此爱恋自己,就以自己的鬼魂假托邻女与柳相见相爱,还阳之后两人结为夫妇。

《牡丹亭》塑造了杜丽娘痴情卓绝而又光彩照人的女性形象,使之成为中国古代文学中继崔莺莺之后出现的又一动人的典型形象。杜丽娘本是诗书名门闺秀,自幼受到严格的封建礼教熏陶。即使是在衣裙上绣上成双的花鸟,空闲时打会儿瞌睡,也会被视为违反家规,从而受到家长的严厉斥责。她如同一只笼中鸟,整日被拘禁在闺阁中,因而有着冲出牢笼,自由生活的强烈愿望。因此,当老师陈最良给她讲"子曰诗云"时,她没有丝毫兴趣。而在陈最良讲《关雎》篇所谓"后妃之德"时,却唤起了她对爱情自由的渴望。"关了的雎鸠,尚然有洲渚之兴,可以人而不如鸟乎?"这是她从内心发出的感叹。

第十出《惊梦》,是杜丽娘性格发展的一个重要转折。由于《关雎》诗引起无限情思,丽娘难免精神恍惚。侍女春香看在眼里,急在心里,极力怂恿借游园来排遣小姐内心的愁闷。

不料,自然界温柔、妩媚的春光更加拨动了丽娘少女的心弦。她觉醒了:"你道翠生生出落的裙衫儿茜,艳晶晶花簪八宝填,可知我常一生儿爱好是天然。恰三春好处无人见,不提防沉鱼落雁鸟惊喧,则怕的羞花闭月花愁颤。"但长期的闺禁生活,使她面对生机盎然的春天怀有更多的却是感叹。〔皂罗袍〕曲流露出她伤春的哀怨:"原来姹紫嫣红开遍,似这般都付与断井颓垣。良辰美景奈何天,赏心乐事谁家院。恁般景致,我老爷和奶奶再不提起。朝飞暮卷,云霞翠轩;雨丝风片,烟波画船,锦屏人忒看的这韶光贱!"杜丽娘因春感怀,充溢她少女之身的春情炽热地燃烧。因此,一旦她"隐几而眠",那不已的春情便将她引入一个从未经验过的男女恋情世界。杜丽娘做了一个甜美而神秘的梦。在梦幻中她与自己钟情的青年男子欢会。这表明现实中没有幸福,只好在梦中创造,在梦中寻觅。

杜丽娘因情感梦,又因梦而惊醒。她的梦境即她的心境。在梦境与现实的对比下,杜丽娘心中对理想的追求更加强烈。她热烈地向往着梦中的情景,便再次来到花园中寻找梦中人的踪迹。她大胆地倾诉了自己对真情的强烈追求：
"这般花花草草由人恋，生生死死随人愿，便酸酸楚楚无人
怨。"(第十二出《寻梦》)杜丽娘一往情深，为情而死。死前她
自画小像放在太湖石下等待梦中的情人。"一灵未灭，泼残
生堪转折"(第三十二出《冥誓》)，杜丽娘时而地府，时而人
间，灵魂终于和柳梦梅结合。她又与胡判官据理力争，使自
己还魂复生。复生后，她不用媒婆的撮合，不顾父母的反对，
自己作主和柳梦梅结婚。杜丽娘的形象给那个时代追求爱
情自由的青年男女以巨大鼓舞，同时流露了作家对所憧憬的
美好生活的渴求。杜丽娘对爱情的追求，带有要求个性解放
的时代特征，在某种程度上也带有"现代性爱"的性质，这是
比元代《西厢记》等爱情故事表现的反封建礼教的主题更深
刻的思想。

◎ 周朝俊《红梅记》

周朝俊，明代戏曲作家，字夷玉，一作仪玉，或说别字公
美，宁波鄞县人，生平不详。活动年代约在隆庆、万历年间，

王稚登《叙红梅记》中说他"举动言笑，大抵以文弱自爱，而一种旷越之情，超然尘外"。他著有传奇十余种，仅存《红梅记》一种。

《红梅记》和根据《红梅记》改编的《红梅阁》，故事情节大体相似，叙述贾似道的侍妾李慧娘与贾似道之间的正与邪的冲突。南宋权相贾似道泛舟西湖游玩。他的侍妾李慧娘见到书生裴禹，失声称赞了一句"美哉少年"，就被贾似道杀害了。慧娘的鬼魂于深夜进入了贾的书房红梅阁中，与被贾诱骗进府囚禁在这里的裴禹相会，并把裴禹救出了险境。

20世纪60年代初，当代剧作家孟超依据上述两剧，改编为新编鬼戏《李慧娘》，将原作有关卢昭容的情节删除，把李慧娘与裴生的爱情故事作为戏剧主题，集中敷演裴禹、李慧娘与贾似道的矛盾，并加强了南宋时期太学生反抗政治腐败的内容。由于保留了原剧中《鬼辩》一出，成为中国戏剧史上著名的鬼戏。

剧中的李慧娘，生为佳人，死为厉鬼，对裴生坚贞不移，对贾似道矢志必报,依靠自己的力量去爱、去恨、去复仇,成为一个不屈灵魂为理想而奋斗的代表。这个追求自由、忠于爱情、生死不渝的光辉形象,体现了普通百姓对爱情的审美理想。李慧娘从而也成为一个永恒的艺术形象。

由于篇幅限制,不可能对鬼戏一一加以介绍。但仅从以上介绍,即可看出鬼戏的艺术成就不容忽视,具有独特的审美情趣,其中有的剧目还将活跃在戏剧舞台上。

巫舞·傩舞·鬼舞

人类最早产生的艺术之一或许就是舞蹈。原始形态的舞蹈在漫长的原始社会中度过了它的萌芽形成期。这是一个时间跨度极深,舞蹈本体及依存的生态环境、文化氛围变化也很大的阶段。随着原始信仰的出现而形成了图腾舞蹈、巫术舞蹈、祭祀舞蹈,作为舞蹈重要组成部分的鬼舞就产生了。到原始社会后期,包括鬼舞在内的舞蹈已经是一门日趋成熟的艺术形态。

◎ 巫舞

最早的鬼舞是巫舞,即巫觋祭祀活动中的舞蹈。原始社会早期,由于生产力低下,人类对宇宙间物质运动的规律、自然现象等不能作出科学的解释,冥冥中好像有一种超自然的力量在支配世界。于是,神鬼的概念产生了。巫觋则是被认为能与神鬼交往、代表它们说话、执行它们意志的人。在祭祀活动中,巫觋以卜筮、巫词、咒语以及歌舞等手段制造气氛,沟通人神之间的"联系"。其中尤以舞蹈为重要的手段。《说文》中说:"巫,祝也,女能事无形以舞降神者也。"《周官·司巫》:"若国大旱,则率巫而舞雩。"屈原的《九歌》,也是巫觋祀神的歌舞。王逸的《梦辞章句》说:"昔楚南郢之邑,沅湘之间,其俗信鬼而好祠,其祠必作歌乐鼓舞以乐诸神。屈原放逐……出见俗人祭祀之礼、歌舞之乐,其词鄙陋,因作《九歌》之曲。"殷商时期,巫觋权力甚大,直接参与国家政治活动,指导国王的行动:"国之大事,在祀与戎。"秦汉以后,儒教的盛行、佛教的传入、道教的形成,渐使巫术失去了原有的显赫地位,但仍然大量流传于民间。在许多仪式中的舞蹈形式被道教吸收。道教分为两大派系,一为方仙道,它融合了春秋以来企求长生不老的方术,为统治阶级上层服务;一为巫鬼道,其宗旨为祈神禳福,驱鬼逐疫,主要在民间流传。随着时间的推移,巫舞的形式和种类越来越多,中华人民共和国成立前,仅湖南沅湘流域的巫舞,归纳起来可分为三大类:一、祈神降福许愿类。凡遇天灾人祸、求子求财则"唱尸王"、"冲傩"、"贺仙娘",其代表舞段有《发功曹》、《造云楼》、《立寨》、《接兵》等。这些舞蹈的特点是以丰富多姿的所谓神力魔法手势和盘旋飘逸的禹步相结合,舞者体态轻盈婀娜,神情肃穆。二、酬神还愿类。如"旱龙船"、"跳买光倡"、"跳油鼓"、"栽花"、"郎君走香"等。其特点是,凡由巫觋表演的单人舞、双人舞,技艺精湛、高超;若由巫觋领舞,群众会舞的,则节奏明快,情绪热烈。三、还有一种俗称"跳大神",装鬼弄神,舞蹈时哆哆嗦嗦,无章法,多即兴。汉代铜饰上的巫舞形象(云南晋宁石寨山出土),以及师公舞、萨满舞以及寺庙舞蹈,都属巫舞。

　　巫舞一般动作较硬直,多棱角,幅度大,带有较浓厚的神秘色彩。巫舞,在漫长的岁月中,充满封建色彩。但它在民俗学、社会学、宗教学方面有重要的研究价值,在艺术上,也有相当的审美价值。中华人民共和国成立后,经过加工整理,许多巫舞已改造成民俗性节日中的舞蹈。

◎ 傩舞

傩舞由原始巫舞演变而成,流传于旧时汉族中,是一种驱鬼逐疫的巫术形式。傩舞是中国最古老的古典宗教舞蹈之一。原始傩舞附着于傩礼之中,是傩礼"索室驱疫"、捉鬼、驱鬼的动态形式。东汉时的宫廷傩舞规模宏大,领舞的方相氏手持武器,率十二神兽、一百二十侲子(由十一至十二岁的贵族子弟担任)与疫鬼搏斗。民间的傩舞一般在除夕之日举行,参加者头戴面具跳舞,以驱逐疫疬之鬼。据上海《松江府志》记载:"十二月朔日,傩于街市,饰为鬼神,揭打竹枝,鸣锣跃舞,至二十四日止。"

江西婺源傩鬼,俗称"鬼舞"或"舞鬼"。历史悠久,节目众多,风格独特,是中国舞蹈艺术研究难得的"活资料",深受国内外专家、学者的青睐。婺源舞鬼,通过多年的调查、挖掘,收集到原有班社十来个,节目一百余个,傩面两百余个。由于岁月的流逝和社会的变迁及"文革"的影响,现存秋口镇长径村"驱傩神班"。有演员十九人,面具三十余个(其中有四个原始木雕面具),可演节目二十四个。婺源舞鬼节目,既有原始地表现迎神驱鬼的《搭架》《追王》和"开箱"、"封箱"、"教鬼"、"开光"、"收耗"等仪式,又有反映神话故事民间传说的《开天辟地》《太阳射月》《孟姜女送寒衣》等。其表演形式有独舞、双人舞、三人舞、群舞。

婺源"山阻而弗车,水激而弗舟",自古以来交通不便。因此,婺源舞鬼受外界影响极少,在表演艺术上仍保留着古朴、粗犷、简练、夸张、形象、传神的独特风格。动作多为顺拐、屈膝、下沉、含胸、挺腹,沉而不懈,梗而不僵独具特色。音乐伴奏均以舞止曲终的原则,由打击乐、曲牌和唱腔三个部分组成,有专用的锣鼓谱和曲牌。

婺源舞鬼,是中华民族传统文化艺术百花园中的一朵奇葩。

◎ 鬼舞

鬼舞，也可以分为跳脚舞、跳神节舞、跳鬼舞等。

中国的鬼舞不仅在汉族地区存在，还大量出现在少数民族舞蹈中。捉鬼舞是海南黎族的驱鬼舞蹈。旧时，黎族民众认为人生病是魔鬼缠身或人的灵魂被鬼抓走，需要宰杀牲畜摆酒，请道公或娘母来念咒，边念边跳。舞者身穿蓝色长袍，左手持一把铁箭，右手拿一把尖刀或红藤叶，随着锣鼓的节奏，边念咒边表演捉鬼、赶鬼和招回病人灵魂的动作；或用铁箭在病人身上比划，挑取所谓使人生病的"禁包"。跳脚舞是流传于云南、贵州地区的一种丧葬风俗舞。当地彝族、水族、苗族等守灵时要以歌舞来取悦死者，由四人手持八卦铃或者短棍在尸体旁边边跳边唱孝歌，故名为"跳脚"。人们认为死者的鬼魂去阴间的路上充满荆棘，"跳脚"可以把它踩平。

跳神节舞，流传于西藏、青海、四川等地区，是藏族传统节日舞。每年藏历十二月三十日，在拉萨的布达拉宫举行"跳神驱鬼"活动。届时在宫殿、佛堂、习经室、灵塔殿等处升起香火。喇嘛头戴各种假面具,装扮成神佛鬼怪,绕行大昭寺,边跳边行,高声呐喊驱祟逐鬼,以示除旧迎新。同时,藏族地区各大喇嘛寺也举行驱除鬼魔、预庆吉祥如意的法会。跳鬼舞,流传于云南红河、西双版纳哈尼族的一种丧葬仪式舞。哈尼族认为人死后,其鬼魂仍然存在,因此要用牛、猪等牺牲祭奠死者。由巫师"贝牟"和家人一块悼念并祭鬼,中间夹杂许多舞蹈,死者家属和参加悼念的人围成一圈或排成一长队,巫师手舞足蹈于前,众人走跳于后。

鬼之词语

"鬼头鬼脑"、"鬼话连篇"、"见着鬼了"……在人们脱口而出的言语中,凡与"鬼"沾亲带故的,多半不是什么好话。那是因为在人们心中,"鬼"的概念大多数带有消极、否定的负面意义,从中也可看出世人对"鬼"的普遍理解与态度。

在中华民族瑰丽奇幻的文学、艺术宝库中,与"鬼"有关的作品不计其数,而在丰富多彩的民间生活中,与鬼有关的各种语言形式也是多种多样、层出不穷,它们凝结着民间智慧的精华,散落于我们日常生活的各个角落,从日常的惯用语、谚语、歇后语乃至成语中,都随处可见"鬼"的踪影,说明"鬼"的概念早已深入人心。

◎ 惯用语

惯用语是一种固定的词组,它一般是人们比较熟知,比较大众化的语言,多在口语中运用,有自然、简明、生动、有趣的特点。惯用语与成语有一定的相似性,但与成语不同,惯用语多是从口语发展来的,口语化强,语义单纯易懂,使用随便,可分可合,中间可加字。与"鬼"有关的惯用语,总是与危险困难的处境或倒霉、多缺点的人联系在一起的。

阎王账:又称阎王债。指高利贷;无法偿还的债务。

鬼门关:指非常危险,不易通过的地方。

替死鬼:迷信认为,死于非命者魂魄总守在死所,抓走新来者的魂灵替代自己,方可脱离孽海。此举民俗称之为取替代,被抓走的新的魂灵是为替死鬼。现在,替死鬼一般用以比喻代人受过或受害的人。与"替罪羊"等义。

急脚鬼: 指性情很急躁的人。

冒失鬼: 指做事不稳重、常会造成差错的人。

鬼见愁: 指最危险、最难对付的意思。

鬼吹灯: 1. 指玩笑式的胡闹。传说人的身上有三盏油灯,一盏在头上顶着,另两盏在肩膀上。三盏油灯说是人身上的阳火,晚上走夜路的时候,如果有人叫你的名字,千万不要向两边张望,若给吹灭了,便给鬼招了魂。"鬼吹灯"虽是一种民间俗语,但现实生活中玩弄这种把戏的人却大有人在。2. 指小把戏,小聪明等。据说是盗墓时,需要点一盏灯。如果鬼不让你盗墓,就会把灯吹灭,这被视作一种活人和死人之间的协议。用现在科学的话来说,就是点一盏灯看看氧气够不够,如果不够,下去了就是送死。古人不懂,就认为是鬼在作怪。

鬼剃头: 斑秃的俗称,指头发一块一块地脱落下来。

鬼画符：画符，指道士用来"驱鬼招神"或"治病延年"的图形或线条。1. 比喻虚伪的话或骗人的伎俩。2. 比喻胡乱做事。语见明罗懋登《三宝太监西游记》二二回："莫说此全没用，也有三分鬼画符。明日须则设个计策儿去拿他。"

鬼打墙：指在夜晚或郊外，会在一个圈子里走不出去，犹如有墙阻拦一样。比喻做事不顺利，有无形的障碍。语见清梁恭辰《北东元园笔录》卷四："（某甲）一夜遇祟迷路，奔走二更，辄遇墙阻，谚所谓'鬼打墙'也。"

弄鬼：指玩手段，耍花招。

◎ 谚语

谚语是民间口头流传的语句，用简单通俗的话来反映深刻的道理。与"鬼"有关的谚语涵盖了人们农业生产和社会生活的很多方面。人们用"鬼"来说明天气与农作的关系，也用鬼来说明金钱与世人的关系。

七月半，鬼乱窜：七月半指农历七月十五日，又称中元节。民间俗信认为，这一天祖宗的阴魂要回家享祭，阎王也放无子孙供奉的孤魂野鬼出来找吃的。

白露前是雨,白露后是鬼:白露:节气名,为阳历九月七日或八日。鬼:鬼怪,比喻灾害。指白露节后下雨农田遭灾。

腊雪是个被,春雪是个鬼:指腊月下雪宜麦,春天下雪害麦。语见清顾禄《清嘉录》卷一一:"腊中得雪三次,宜麦。谚云:'若有麦,见三白。'又云:'腊雪是个被,春雪是个鬼。'"

二麦不怕神共鬼,只怕四月八日雨:二麦:指大麦和小麦。四月八:立夏前后。指立夏多雨,损麦。语见明徐应秋《玉芝堂谈荟》卷二一:"四月初八晴料峭,高田好张钓。四月初八明寡寡,鲇鱼倒灶下。四月初八乌漉秃,不论上下一齐熟。二麦不怕神共鬼,只怕四月八日雨。"又称"二麦不怕神共鬼,只怕四月日夜雨"。

心里没鬼,不怕喝水:比喻心里光明正大,就不怕别人议论。

好心人不存鬼心肠:指心地善良的人不会对别人存有坏的心肠。

为人不做亏心事,不怕半夜鬼叫门:指平时没有做过违背良心的事情,心里踏实、坦荡,即使深更半夜听到敲门声音,也是镇定自若,不会担惊受怕。亦称"心里不做亏心事,不怕三更鬼叫门"、"不做亏心事,不怕鬼叫门"。

心疑生暗鬼:指心存疑惧,就会疑神疑鬼。也称"心疑生鬼"、"疑心生暗鬼"、"疑心生鬼"、"疑生暗鬼"。

作善降百祥,天神佑之;作恶降千灾,鬼神祸之:指作善的人会得到天神保佑,降给他许多祥瑞;做坏事的人会遭到鬼神惩罚,降给他许多的灾祸。

仙机人不识,妙算鬼难猜:仙机:超凡的心智。指神奇巧妙的谋划、策略,人们难以识破猜透。

白日无谈人,谈人则害生;昏夜无说鬼,说鬼则怪至:指白天议论别人会惹出祸来,夜晚说鬼话会引来鬼怪。

神鬼怕愣人:愣人:说话做事不考虑后果的人。指神鬼也害怕性格倔强,做事鲁莽的人。

人怕敬,鬼怕送:指卑下的人受到敬重,行为就会变得谨慎,有所收敛;鬼受到恭送就难再作祟。

渣城白水,半人半鬼：指云南省白水驿站到渣城一段,路途十分险恶,行人常有性命之忧。

力士怕黄金,财主怕穷汉,穷汉敌不过阎王势：力士害怕金钱收买,财主害怕穷汉造反,穷汉又逃不过病老而死。指一种势力害怕一种势力。语见清王有光《吴下谚联》卷一："十八尊者邀弥陀龙华宴会,正席外议谁为首陪……赤脚罗汉昂然一坐,又见长眉大仙飞锡而入,说声:'且慢! 乡党序齿,置吾何地?'赤脚尊者亦即避席,自言自语:'力士怕黄金,财主怕穷汉,穷汉敌不过阎王势'。"

可以使鬼者钱也,可以使人者权也：指能差役鬼的,是金钱;能够差役人的,是权力。

贫家百事百难做,富家差得鬼推磨：指穷人做每件事都很困难。有钱人办事连鬼都可差役。语见明冯梦龙《喻世明言》卷四："后来陈宗阮做到吏部尚书留守官,将他母亲十九岁上守寡,一生不嫁,教子成名等事,表奏朝廷,启建贤节牌坊。正所谓:贫家百事百难做,富家差得鬼推磨。"

钱无耳,可使鬼：形容金钱万能。语见唐房玄龄等《晋书·鲁褒传》：“谚曰：'钱无耳，可使鬼。'凡今之人，惟钱而已。故曰军无财，士不来；军无赏，士不往。"亦称"钱无耳，鬼可使"。

钱可通神，财能役鬼：形容金钱万能，神通广大。语见清李春芳《海公大红袍全传》三九回："小卒既得私馈，也不暇备细查问。正是：钱可通神，财能役鬼。"

有钱使得鬼动，无钱唤不得人来：指金钱作用大，有钱能驱使鬼，无钱连人也叫不来。语见清李渔《慎鸾交》第二十一出："银子交付明白，我要进去了。正是有钱使得鬼动，无钱唤不得人来。"

有钱神也怕，无钱鬼亦欺：比喻金钱万能。语见明凌濛初《初刻拍案惊奇》卷十五："卫朝奉只是着人上坐守，甚至以恶语相加，陈秀才忍气吞声。正是有钱神也怕，无钱鬼亦欺。"

阎罗王面前，须没放回的鬼：比喻贪婪的人，对到手的财物是不会放弃的。语见明施耐庵《水浒传》二一回："他使人送金子你岂有推了转去的？这话却似放屁！做工人的，

'那个猫儿不吃腥?'‘阎罗王面前,须没放回的鬼!’你待瞒谁! 便把这一百两金子与我,值得什么!"

阎王好做,小鬼难当: 比喻上司好做,下级役卒不好当。

阎王好见,小鬼难当: 当:抵挡。比喻为首的好打交道,手下人却难对付。语见清李宝嘉《官场现形记》二八回:"但是‘阎王好见,小鬼难当’。志世倕虽然不要钱,还有禁卒人等,未必可以通融的。"

打死阎王,吓死小鬼: 比喻打死为首的,就会吓倒手下的。

才脱了阎王,又撞着小鬼: 比喻刚刚摆脱了一个坏人,又遇上另一个坏人。语见清酌元亭主人《照世杯·走安南玉马换猩绒》:"这五更天怎么有妇女在溪河里洗浴? 分明是些花月的女妖,我杜景山怎么这等命苦,才脱了阎王,又撞着小鬼,叫我也没奈何了。"

小鬼斗不过阎王: 比喻弱小的无法跟强大的争斗。

阎罗王撞着对面鬼: 比喻遇上倒霉事情无法逃脱。语见清王有光《吴下谚联》卷三:"阎罗王撞着对面鬼。此倒句法,实是鬼撞着阎罗王对面……一到阎罗王处,孽镜照人,纤毫毕露,真无地自容。"

病鬼碰阎罗王:比喻死或必失败。

一双空手见阎王:指人死后,无论贫富都带不走一点东西。

白日见鬼:指大白天遇到倒霉的怪事。亦称"白日碰鬼"。

时衰鬼弄人:指人的时运衰败,鬼怪也会来作弄他。和邦颜《夜谭随录》卷一:"既而乙归,甲备述其事,因劝曰:'时衰鬼弄人,此处不可复居。'"亦称"年衰鬼弄人"、"人衰鬼弄人"、"神衰鬼弄人"。

烧纸引了鬼来:烧纸:烧纸钱以饷鬼神。比喻有意义做好事却惹出麻烦。语见清郭小亭《济公全传》二回:"好个和尚,你真懂交情!我和你萍水之交,送你几两银子,我反烧纸引了鬼来。"亦称"烧香引了鬼来"、"烧香引出鬼来"。

一咒十年旺,神鬼不敢傍:指被别人诅咒反而会兴旺,就连鬼神也不敢靠近你。语见清西周生《醒世姻缘传》三回:

"晁不舍说道：'没帐！叫他咒去！一咒十年旺，神鬼不敢傍！'"

棺材头边无咒死鬼：指别人的诅咒不会决定一个人的生死。语见清王有光《吴下谚联》卷二："阙以私怨杀孝子忠臣，神人共怒，天地不容，国法虽逃，冥诛必速，此固不待咒而死者也，今世此等事甚多，祸福惟人自召耳。愚夫愚妇，疑神猜鬼，故谚揭之曰：'棺材头边无咒死鬼。'"亦称"棺材头边，哪有咒死鬼"。

只因神仙远，常悲鬼胡行：只因管束鬼魅的神仙离得太远，所以常为鬼的胡作非为感到悲愤。比喻正气无力，邪气猖獗。

由你奸似鬼，吃了老娘洗脚水：比喻任凭刁钻奸猾，还是上当受骗。又称"由他奸似鬼，吃了老娘洗脚水"、"饶你奸似鬼，吃了洗脚水"等。

生有知人之明，死有鬼灵之验：指活着时有识别人的眼力，死了后有英灵显示。

关大王卖豆腐，鬼儿也没上门的份：关大王：关羽。此语形容生意极其冷落。

走大路怕水,走小路怕鬼：形容过分小心,优柔寡断。

没有亲家引不出外鬼来：指没有内部人搞鬼,就不会引来外人捣乱。

枕户橉而卧者,鬼神跖其首：户橉：门槛。跖：踏。指迷信认为枕着门槛睡觉的人,会被鬼神出入时踏伤头脑,所以容易受到风寒。

杳茫神鬼事：指神鬼之事幽深渺茫,不可捉摸。

明有祸福相随,暗有鬼神相报：指人的祸福因果报应由鬼神决定。语见明无名氏《村乐堂》三折："休道前程苟贪,上察推天心,下察推地炁,明有祸福相随,暗有鬼神相报。"

狗有狗道理,鬼有鬼道理：比喻任何东西都有它的道理。

鬼人操得鬼心眼：比喻心术不正的人有坏的心机。

鬼门上占卦：鬼门：鬼所出入之门,即二十八宿中鬼宿之方角。形容事情不吉利,语见明冯梦龙《醒世通言》卷三八："母见其无情无绪,向女言曰:'汝如今迁于乔木,只宜守分,也与父母争一口气。'岂知本妇已约秉中等了二夜了,可不是鬼门上占卦。"

鬼火不敢见真火:鬼火:磷火的俗称。比喻暗中捣鬼不能见人。

鬼打鬼,狗咬狗:比喻恶人相互争斗。

做鬼要羹饭吃:羹饭:祭鬼的饭菜。比喻贪图钱财的人,会不择手段地得到它。语见明凌濛初《二刻拍案惊奇》二八回:"那王尼听了'头除'这句话,便扯着沈氏打合道:'大娘! 这和尚极是了得的,他有这些乡官帮护,料不输与相公。'一动不如一静',大娘劝一劝,多少撒化些,只当布施罢,常言道,'做鬼要羹饭吃'!"

船头怕鬼,船尾怕贼:比喻做事前怕狼后怕虎,顾虑重重。也称"船头慌鬼,船尾慌贼"。

碰见鬼总得烧把纸钱:纸钱:为死人或鬼神烧化的冥钱。比喻遇到闹事的恶人,不让他得一点利是不行的。

鬼头鬼脑:形容心术不正,行为鬼祟的样子。语见清吴敬梓《儒林外史》四六回:"(成老爹)就悄悄向那小小厮说,叫把管粗的管家叫了两个进来。又鬼头鬼脑,不知说了些甚么,便叫请大爷出来。"

妖魔鬼怪:比喻形形色色的邪恶势力。语见明冯梦龙《醒世恒言》卷二九:"眼前见的无非司犯重囚,言语遭杂,面目凶顽,分明一班妖魔鬼怪。"

弄鬼掉猴:掉猴:耍猴把戏。形容不羁顺,调皮捣蛋。语见清曹雪芹《红楼梦》四六回:"你知道,老爷跟前竟没有个可靠的人,心里再买一个,又怕那些牙子家出来的,不干不净,也不值得毛病儿,买了来家,三日两日,又弄鬼掉猴的。"

鬼怕恶人:形容凶恶的或势大的人也怕蛮不讲理的或强硬的人。语见宋苏轼《艾子杂说》:"小鬼又曰:'前人已不信矣,又安祸之?'艾子曰:'真是鬼怕恶人也。'"

宁为才鬼,尤胜顽仙:指做一个有才情的死鬼,胜过做一个愚呆的仙人。

张天师吃鬼迷:张天师:指东汉道教创始人张道陵。他认为符水咒法能驱鬼治病,曾受封号为"张天师",被民间传为能制服鬼的道人。吃:被。比喻强者、行家也无法可施,被对方控制。语见明凌濛初《初刻拍案惊奇》卷三："东山呆了半晌,捶胸跌足起来:'银钱失去了也罢,叫我怎么做人?一生好汉名头到今日弄坏,真是张天师吃鬼迷了,可恨! 可恨!'"亦称"张天师教鬼给迷住了"、"张天师着鬼迷,无法可使"、"张天师被鬼降住了——无法可使"。

道高龙虎伏,德重鬼神钦:指道行高深就能降龙伏虎,德高望重那鬼神也会钦佩。语见明吴承恩《西游记》二九回:"这和尚'道高龙虎伏,德重鬼神钦',必有降妖之术。"亦称"道高龙虎伏,德重鬼神遵"、"道高龙虎伏,德重鬼神怕"。

作恶恐遭天地责,欺心犹怕鬼神知:指昧着良心做坏事,天地不容,迟早会得到报应。语见明冯梦龙《喻世明言》卷二六:"张公接过银子,看了看,将来放在荷包里,将画眉与了客人,别了就走。口里道:'发脱得这祸根,也是好事了。'不上街作生理,一直奔回家去,心中也自有些不爽利。正是作恶恐遭天地责,欺心犹怕鬼神知。"

碧桃花下死,做鬼也风流:碧桃花下:比喻男女幽会的场所。指为了男女风情,即使殉情也是一种风流韵事。语见元孙仲景《勘头巾》三折：“[净云]张千哥，我招便招了，端的定我甚么罪。[张千云]不打紧，谋杀亲夫，拿到市曹量决一刀。刀过头落，又省得吃吓。[净云]是好是好，一了说碧桃花下死，做鬼也风流。”亦称“牡丹花下死，做鬼也风流”。

鬼神不测之机：比喻人掐指会算，善用心机。语见明兰陵笑笑生《金瓶梅词话》六九回：“我猜一定还有底脚里人儿对哥说，怎得知道这等一切？端的有鬼神不测之机。”

怕鬼有鬼：比喻越害怕的东西越会出现。语见清李汝珍《镜花缘》九一回：“我最恶虫名，他偏要钻出来，真是‘怕鬼有鬼’。”

画鬼神容易画犬马难：犬马，人人见过，画得像不容易；鬼神，没人见过，可以凭空造画。比喻凭空捏造容易，实事求是要下一番功夫才能办到。亦称“画人物难，画鬼魅易”。

有钱使得鬼推磨：有了钱就可以差神役鬼。比喻金钱万能。亦称“有钱能使鬼推磨”、“有钱买得鬼推磨”、“有钱使得鬼推车”、“有钱买得鬼上树”。

死人头边有活鬼：指死人身边还存在着想算计他的坏

人。语见清钱大昕《恒言录》卷六："闾巷常谚：'死人头边有活鬼。'此言虽俚，然于人情世故有致理存焉。"亦称"死人身边有活鬼"、"死人身边自有活鬼"。

饿鬼监厨，焉能禁口：饿鬼看守厨，哪能不吃？比喻贪婪的人，一有机会就不会放过。语见明陈太工《红莲债》二折："一个女色初侵，犹如饿鬼监厨，焉能禁口。可怜他皆惨惨自投在十八重黑狱，何殊蛾扑灯中！"

一个字便是僧，两个字是和尚，三个字鬼乐官，四个字色中饿鬼：指有些外表上是修身养性的和尚，而实际上是酒色之鬼。语见明施耐庵《水浒全传》四五回："那时古人评论到此去处，说这和尚们真个厉害，因此苏东坡学士道：'不秃不毒，不毒不秃，转秃转毒，转毒转秃。'和尚们还有四句言语，道是：'一个字便是僧，两个字是和尚，三个字鬼乐官，四个字色中饿鬼。'"

人不像人，鬼不像鬼：1. 形容人愁苦潦倒的狼狈样子。2. 形容人的行踪诡秘。语见明陆采《怀香记》一八出："二更回来，吓得心惊胆战，和衣睡倒。今早看他，人不像人，鬼不像鬼,茶饭不吃,坐卧不安,怎生是好?"又称"人不人,鬼不鬼"。

人不知,鬼不觉:形容做事谨慎、隐秘,没有人知道。语见清曹雪芹《红楼梦》三一回:"正经明儿你打发小子问问王太医去,弄点子药吃吃就好了,人不知,鬼不觉的,可不好?"亦称"人不知,鬼不见"、"神不知,鬼不觉"、"神鬼也不知觉"、"神鬼不知"。

又做巫婆又做鬼:1. 比喻两面讨好。2. 比喻耍两面手法。

三分像人,七分像鬼:形容相貌丑陋或处境狼狈窘迫的样子。语见明冯梦龙《醒世恒言》卷九:"陈青邀入内书房中,多寿与大人相见,口中称谢不尽。朱世远见女婿三分像人,七分像鬼,好生不悦。"

门神老了不捉鬼:门神,旧俗贴于门上的神像,能驱鬼辟邪,保障平安。比喻人岁数老了,做不了事。

山鬼之伎俩有限,老僧之不睹不闻无穷:山鬼:传说为山中妖魔。指对付骗人鬼把戏,最好办法是不理不睬。语见清明教中人《好逑传》一六回："铁中玉欲要认真动手,却又见是一班女子,反恐不便,只得忍耐,因暗想道:俗语说:'山鬼之伎俩有限,老僧之不睹不闻无穷。'只不理她们便了。"

小鬼不曾见过大馒头：比喻缺少见识的人没有见过大世面。

小鬼跌金刚：金刚：佛教称佛的侍从力士,因手拿金刚杵而得名。比喻弱小的能胜强大的。语见清范寅《越谚》卷上："小鬼跌金刚,要谨细行。"

不着家人弄不得家鬼：比喻没有知情的内部人接应,就不会成事。语见明兰陵笑笑生《金瓶梅词话》四七回："常言道'不着家人弄不得家鬼。这苗青深恨家主苗天秀,日前被责之仇,一向要报无由,口中不言,心内暗道:'不如我如此如此,这般这般。'"又称"不着家神,弄不得家鬼"、"没有家鬼,送不了家人"、"无家鬼送不了家人"。

见人说人话,见鬼说鬼话：鬼话：谎话,不真实的话。指处世圆滑,专门迎合别人。语见清李宝嘉《官场现形记》三八回："第二要嘴巴会说,见人说人话,见鬼说鬼话,见了官场说官场上的话,见了生意人说生意场中的话,真正要八面圆通,十二分周到,方能当得此任。"

见过鬼怕黑:比喻经过灾难或挫折,心有余悸。

勾命鬼来寻替死鬼:比喻做尽坏事的人引诱好人下水。语见清李海观《歧路灯》二六回:"这张绳祖、夏逢若都是山下路上过来的人,今日出法谭绍闻,正是勾命鬼来寻替死鬼。"

◎ 歇后语

歇后语是中国人民在生活实践中创造的一种特殊语言形式。它一般由两个部分构成,前半截是形象的比喻,像谜面;后半截是解释、说明,像谜底,十分自然贴切。在一定的语言环境中,通常说出前半截,"歇"去后半截,就可以领会和猜想出它的本意。

歇后语是熟语的一种,相对于成语、谚语而言,用字比较通俗、口语化,富有鲜明、生动、活泼的特点,有时语带双关,更添几分幽默。我们除了可以把歇后语视作一种文字游戏外,也能从歇后语看出我们的生活文化。与"鬼"有关的歇后语充满了世人生活的机警和谐趣,如用"笤帚疙瘩戴凉帽——装大头鬼"比喻自己无能,却要故弄玄虚,逞能卖乖",令人忍俊不禁。再如以"苦鬼遇穷鬼——一对凄惶人"来形容同病相怜相惜,确实生动形象,引人共鸣。

讨吃鬼算卦——穷卖斯文:讨吃鬼:乞丐的别称。指人装斯文,卖弄文墨。

半夜赶黑路——碰着鬼了:比喻不走运,遇上怪事或倒霉的事情。

苦鬼遇穷鬼——一对凄惶人:形容同病相怜相惜。

夜叫鬼门关——自来送死:鬼门关:传说中阴间和阳间交界的关口,人进了这关口就算死了。比喻自寻死路。

城隍庙娘娘有喜——怀的鬼胎:比喻心里藏有不可告人的念头。

望乡台上打莲花落——不知死的鬼:望乡台:俗信认为冥间有望乡台,新鬼登之,可以望见家中情况。莲花落:曲艺的一种,用竹板打节拍,每段常以"莲花落,落莲花"的句子做尾声或衬腔。比喻死到临头,自己还不知道。

算卦先生的葫芦——一肚子鬼：指满肚都是坏主意。

笤帚疙瘩戴凉帽——装大头鬼：比喻自己无能，却要故弄玄虚，逞能卖乖。

鬼酉上车儿——推丑：鬼酉：即组成丑的繁体字"醜"。推：谐音"忒"，即"太"。指模样太丑。语见明兰陵笑笑生《金瓶梅词话》三二回："郑爱香笑道：'这应二花子，今日鬼酉上车儿，推丑；冬瓜花儿，丑的没时了。他原来是个王姑来子。'"

吊死鬼说媒——白饶一番舌：形容废话连篇，只是徒劳。

吊死鬼擦粉——死不要脸：比喻人不知羞耻。

火烧阎王殿——鬼哭神嚎：形容大声哭叫，声音凄厉，像鬼和神一起在嚎哭一样。

道士做醮场——鬼使神差：好像有鬼神在支使着一样，不自觉地做了原先没想到要做的事。比喻事情的发生完全出于意外。

钟馗嫁妹——鬼混(婚)：形容游手好闲，无所事事地混日子，不认真对待当前的工作或生活。

阎罗王做生意——鬼也没得上门：1. 比喻没有顾客上

门。2. 比喻恶人当道,无人敢惹。语见明吾邱瑞《运甓记》二三出:"今日早间坐到这个时候,并无一个主顾与我发市。正是阎罗王做生意,鬼也没得上门。"亦称"阎罗王开饭店——鬼弗来","阎王老子开饭店——鬼都不上门。"

阎王爷敲门——鬼到家了:说明人非常的狡猾,诡计多端。

阎王不戴帽——鬼头鬼脑:形容行为举止诡秘,不光明正大。

城隍爷拉胡琴——鬼扯:形容说一些没有根据、不着边际的胡话。

阎王爷做的芝麻饼——鬼点子多:形容人狡猾、机灵,喜欢耍小聪明。

阎王爷写文章——鬼话连篇:满嘴蒙骗人的胡言乱语。

◎ *成语*

成语是语言中经过长期使用、锤炼而形成的固定短语。成语是表示一般概念的固定词组或句子,绝大部分是由四个字组成的。成语来源较广,且多用作书面语,语义丰富、深刻。

鬼出电入: 出现与消失就像鬼火和闪电一般又急又快。形容动作迅急,来去无常,不易捉摸。也作"鬼出神入"。语见汉刘安《淮南子·原道训》:"鬼出电入,龙兴鸾集。"《隋书·卢思道传》:"饴蜜非甘,山川未阻,千变万化,鬼出神入。"

神工鬼斧: 形容技艺奇巧精湛,似非人工所能达到。语见清袁枚《随园诗话》卷六:"二树画梅,题七古一篇,叠'须'字韵八十余道,神工鬼斧,愈出愈奇。"亦作"鬼斧神工"。

鬼鬼祟祟: 指行动鬼怪,偷偷摸摸。语见清曹雪芹《红楼梦》第九回:"我只问你们,有话不分明说,许你们这样鬼鬼祟祟的干什么故事?"

鬼迷心窍: 心窍:中国古人认为心脏有窍,能运思。心窍不通,人就糊涂不清。比喻被不好的人或不好的事所迷惑,失去辨别能力而昏了头脑。

鬼蜮伎俩: 蜮:传说中在水里能暗中含沙射人的怪物。鬼蜮:比喻用心险恶,暗中伤人的坏人。伎俩:花招,手段。指阴险卑劣的手段。语见清彭养鸥《黑籍冤魂》四回:"逞其鬼蜮之伎俩,则法令亦有时而穷。"

旱魃为虐：旱魃：传说中引起旱灾的鬼怪。虐：灾害,祸害。指旱灾。语见《诗经·大雅·云汉》："旱魃为虐,如炎如焚。"

瞒神唬鬼：比喻说假话骗人。语见元杨显之《酷寒亭》一折："怕不待倾心吐胆商量嫁,都是瞒神唬鬼求食话。"又称"瞒神弄鬼"。

弄神弄鬼：比喻胡乱捣鬼,故意制造奇怪事情。语见清曹雪芹《红楼梦》一十四回："几年老世翁不在家,这些人就弄神弄鬼的,闹的一个人不敢到园里,这都是家人的弊。"

神出鬼没：比喻行动诡秘奇巧,变化无常,不可捉摸。语见清曹雪芹《红楼梦》九七回："(宝玉)本来原有昏聩的病,加以今夜神出鬼没,更叫他不得主意。"

一步一鬼：形容心中疑惧过重,自我惊扰。语见清王应奎《柳南续笔》卷三："俗有一步一鬼之语,却本之《论衡》。"

神鬼莫测：比喻极其诡秘狡诈,不可揣测。语见明凌濛初《初刻拍案惊奇》二四卷："自道神鬼莫测,岂知天理难容。"

神施鬼设：形容技巧高超，犹如神工鬼斧。语见宋欧阳修等《新唐书·孟郊传》："郊为诗神施鬼设，百见层出。"

为鬼为蜮：蜮：古代传说中在水里暗中伤人的怪物。比喻出现险恶，暗中伤人的坏人。语见清吴趼人《二十年目睹之怪现状》四二回："他哪里肯依，说甚么皇上家抢才大典，怎容得你们为鬼为蜮！"

鬼瞰高明：指鬼神窥望显达富贵人家，将祸害其满盈之志。同"鬼瞰其室"。《隋书·裴肃传》："窃见高颎以天挺良才，元勋佐命，陛下光宠，亦已优隆。但鬼瞰高明，世疵俊异，侧目求其长短者，岂可胜道哉！"

鬼哭狼嚎：形容大声哭叫，声音凄厉。也作"鬼哭神嚎"。元无名氏《马陵道》第二折："可怎生神嚎鬼哭，雾惨云昏，白日为幽。"

鬼哭神愁：形容惊恐忧愁。明陈汝元《金莲花·释愤》："我想做丞相时威灵震主，权势倾朝。手指一挥，两班里鸟惊鱼骇；眉头半锁，满朝中鬼哭神愁。"

后 记

鬼是非常古老的意识形态,数千年来一直与人如影相随,这种精神幻体并没有随着时间的推移而消失,与此相反,不断出现在社会生活里,还左右着人们的行为与观念。

随着研究的深入,鬼文化已从神话学、宗教学中独立出来,形成自己的思想体系及文化载体。人们从原来的相关学科中,逐渐抽出鬼文化部分,进行重新建构,再加上民间流传各种灵魂观念、鬼神观念以及鬼话、传说等,就构成中国鬼文化的系统。事实上,鬼文化作为一种独立的学科,已为社会所认识,所接受。

在我的鬼文化研究有二十余年之后,还源源不断有许多新的资料被发掘出来,甚为震惊,可见鬼信仰在民众中间有何等深厚的基础。

《鬼》一书的写成,与上海辞书出版社的大力支持是分不开的。尤其要感谢蒋惠雍女士,没有其慧眼,要成功此事,是不容易的。

本书虽是鬼文化研究的又一个成果,原想有所不同于前书,谁知不易,还望方家指点。

徐华龙

2014 年 6 月

图书在版编目（CIP）数据

鬼／徐华龙著．—上海：上海辞书出版社,2014.8
（民间信仰口袋书系列）
ISBN 978－7－5326－4257－1

Ⅰ.①鬼… Ⅱ.①徐… Ⅲ.①信仰－民间文化－中国 Ⅳ.①B933

中国版本图书馆 CIP 数据核字（2014）第 169914 号

策划统筹 蒋惠雍
责任编辑 徐思思
整体设计 周　晨

鬼
徐华龙　著
上海世纪出版股份有限公司
上 海 辞 书 出 版 社　出版、发行
中国图书进出口上海公司

2014 年 8 月第 1 版
ISBN 978－7－5326－4257－1/K・979